Algérie-Tunisie

Malte, Sicile et Italie

A VOL D'OISEAU

Notes d'un Alpiniste Dauphinois,
illustrées de dessins inédits à la plume.

PAR MORICE VIEL

LYON
IMPRIMERIE EMMANUEL VITTE
18, Rue de la Quarantaine, 18

1901

A VOL D'OISEAU

IL A ÉTÉ TIRÉ DE CET OUVRAGE :

8 exemplaires sur japon impérial numérotés
de 1 à 8.

et 92 exemplaires sur papier vélin teinté numérotés
de 9 à 100.

N° 

J.-F.-H. RUZAN

ALGÉRIE - TUNISIE

MALTE

SICILE - ITALIE

Notes d'un Alpiniste Dauphinois, illustrées de dessins à la plume

PAR MORICE VIEL

Extrait du Bulletin N° 1 de la Section de la Drôme du Club Alpin Français.

LYON

IMPRIMERIE EMMANUEL VITTE

18, Rue de la Quarantaine, 18

1901

A VOL D'OISEAU

Notes d'un Impressionniste

ALGÉRIE, TUNISIE, MALTE, SICILE ET ITALIE

I

Je viens payer mon écot à notre premier bulletin, bien que je n'ai à parler que de pays souvent décrits.

Il est d'abord utile de dire pourquoi j'ai fait mon voyage seul et sans compagnon de route. Est-ce par un goût spécial et un désir de solitude? Non; mais il n'est pas toujours facile de trouver à l'heure dite des confrères en alpinisme pour un voyage rigoureusement limité pour le temps et l'espace. Pendant longtemps, avec des amis, alors comme moi pleins de jeunesse, nous avons, chaque année, pérégriné en tous sens, des hautes montagnes aux villes étrangères; puis. les années étant venues et avec elles l'âge mûr, mes compagnons m'ont abandonné au prétexte que le charme ne compensait pas les fatigues des voyages que je dirigeais, prétendaient-ils, d'une allure trop accélérée. C'est qu'il manquait à ces touristes la foi, le feu sacré qui transporte aux montagnes.

Fallait-il à mon tour briser ou accrocher mon bâton? A cette idée. mes instincts de nomade se révoltèrent; restait la ressource de découvrir d'autres compagnons ne craignant pas le surmenage, d'humeur facile, amoureux de l'imprévu. La difficulté m'y a fait renoncer, préférant l'isolement qui permet de se recueillir et de vivre à toute heure, au gré de ma fantaisie qui se serait malaisément pliée à celle d'un autre et qui n'aurait pas davantage voulu s'imposer.

Où aller? Depuis longtemps, l'Afrique m'attirait et aussi l'antique Sicile. En route donc.

N'étant pas un descriptif, ne percevant les choses que d'ensemble, par impressions générales un peu vagues, mon esprit est rebelle aux détails qui sont la joie de l'analyste. Aussi ne dirai-je des lieux parcourus que ce qui est strictement indispensable pour être compris, en supposant que j'y parvienne, de crainte de diminuer leurs beautés réelles, dépeintes par d'autres, de façon magistrale. Je me bornerai à exprimer mes impressions, aujourd'hui en partie effacées, telles que je les ai ressenties, à vol d'oiseau, dans un voyage fait trop rapidement, sans me préoccuper si je ne heurterai pas des idées contraires, subies par des tempéraments différents du mien ou par des personnes ayant des notions plus éclairées que les miennes.

En un mot, j'apporte l'impression instantanée d'un dauphinois quittant momentanément et avec entrain, ses occupations journalières, et qui va courir un coin du monde.

Le moi est haïssable — j'en abuserai cependant; mon excuse est que je ne connais pas de méthode impersonnelle pour noter des sensations intimes.

II

Valence. — Alger.

Parti de Valence à la date fixée d'avance, ainsi que celle du retour, par les exigences professionnelles, un jour de printemps, avec ce violent mistral qui courbe tout dans la vallée du Rhône et que la Provence a appelé un de ses trois fléaux. Il roulait des pierres et désagrégeait la terre dans le désert de la Crau, formant d'épais nuages, voilant en partie un beau soleil, et qui, en se répandant sur l'étang de Berre, donnaient à ses vagues agitées une couleur de vieil or, frangé d'argent.

A Marseille, de la gare droit au port. Les quais sont balayés par le mistral. Embarqué sur le paquebot « La Ville de Tunis », en mer, c'est la tempête; le commandant hésite à partir; ce départ s'effectue à cinq heures d'une façon mouvementée, par un beau soleil couchant qui illumine les lames franchissant les jetées.

C'est la première fois que j'entreprends, court pour d'autres, un voyage aussi long; aussi à ce moment du départ, ne puis-je me défendre d'une secrète appréhension : un accident peut survenir; reverrai-je mon foyer? cela ne dure qu'un instant et le sentiment qui l'emporte, c'est le plaisir de voguer vers des pays nouveaux, c'est la magique et attractive curiosité de l'inconnu. Je vais donc parcourir un coin de l'Afrique, ce « Sahel » et ce « Sahara » idéalisés par Fromentin et nos peintres orientalistes; voir ces plages où s'élevait Carthage ressuscitée par Flaubert dans « Salambô »; puis, après avoir touché Malte, fouler cette Sicile pleine de ruines et de souvenirs de la Grande Grèce et revenir par Naples, Rome, Florence.

Une douche en plein visage, sous forme de vague, coupe net les ailes à mon imagination, et me ramène à la réalité : la pluie est venue, le bateau est ballotté, d'énormes lames déferlent, se précipitant en paquets, chassant du pont les passagers que le dîner appelle à six heures. — Dix personnes à table, mais, au bout d'un moment, tout ce qui s'y trouve ou ce qui est fixé dessus est littéralement renversé. Il faut déguerpir et chacun, bousculé en divers sens, gagne péniblement sa cabine; je me jette tout habillé sur ma couchette... On entend des cabines voisines des plaintes, des cris couverts par un bruit solennel et un énorme fracas; le navire, secoué jusqu'aux entrailles, prend à chaque instant des positions inquiétantes... Alors, un coin du moi intime se révèle en me renouvelant un reproche déjà fait un jour de tempête au sommet du Mont Blanc : « Imprudent, qui t'obligeait à venir ici, n'étais-tu pas bien chez toi, au milieu des tiens ? » — Et pensant au foyer dont je m'éloigne, je m'endors, n'ayant plus qu'une perception confuse du vacarme qui m'enveloppe.

Le lendemain, à six heures du matin, j'arrive sur le pont; une accalmie s'est produite, le temps est encore pluvieux, avec des éclaircies : nous devrions être aux Baléares, mais les côtes visibles sont toujours celles de France. La tempête a été très violente, elle a couché un des grand mâts et fait d'autres avaries.

A ce moment et pendant toute la journée, si elle est moins effrayante, elle est encore imposante et superbe avec ses énormes vagues, qui donnent l'illusion de collines et de hautes montagnes couronnées de neige. Des mouettes suivent le bateau ; par moment, des rayons de soleil et la lutte des éléments produisent sur l'eau des effets infinis et changeants de lumière et de couleur qui feraient la joie ou le désespoir d'un peintre. Je n'ai vu telles de ces tendres nuances que dans les failles profondes des glaciers.

Le déjeuner vient interrompre la contemplation de ce grandiose spectacle; les convives sont plus nombreux que la veille; remarqué un général autrichien, sa courageuse et élégante jeune fille bravant avec une aimable insouciance la fureur des flots, et un de mes voisins à l'allure martiale, coiffé d'une fourrure, disant avec un naturel et une simplicité que j'admire : qu'il va chasser les grands fauves... Plus de doute, nous sommes bien sur la route africaine.

Vers midi, les Baléares apparaissent à l'horizon. En ap-

prochant de Mayorque, que nous aurons longtemps en vue, se distingue une large chaine de montagnes dénudées, coupées par des vallées entrevues avec leurs baies, phares, bourgs et villages; dans le lointain, abritée par de hautes falaises, une immense flotte de voiles blanches parait se diriger sur nous, c'est très beau. A mesure que nous avançons, elle semble, sous l'agitation de ses voiles, rester immobile. Nous allons l'atteindre, quand nous reconnaissons que ce sont des vagues échevelées qui bondissent contre les falaises à pic.

A gauche, dans la brume, Minorque.

A la fin du jour la pluie revient, pluie chaude, sentant l'Afrique. Dîner, soirée assez agréable, la jolie Viennoise est fort entourée. Entre dix et onze heures, au moment du coucher, quelques secousses et balancements assez vifs; le lendemain matin, à six heures, nous débarquons.

Au premier plan, les quais avec les bâtiments de la douane, la gare du chemin de fer, les entrepôts, etc., etc. A l'extrémité des quais, un mur élevé, architectural; au-dessus, un large et admirable boulevard, dominant la mer, bordé de belles maisons à l'européenne; au delà, une haute colline, toute blanche, avec des édifices pointant dans l'air bleu : ce sont les maisons à terrasse, les mosquées, les minarets du vieil Alger, dominé par la Kasbah.

Le temps de déposer mon bagage à l'hôtel, je me hâte de parcourir la ville, jouissant avec étonnement de la variété des costumes maures et arabes : quelques-uns d'une simplicité primitive : un sac d'emballage auquel on a fait une ouverture pour la tête et deux autres pour les bras. Que de types divers, arabes, kabyles, maures, nègres de toutes nuances, juifs, etc., etc. ! çà et là des groupes pittoresques, ou le long des murs des gens étendus de leur long, inertes, immobiles; des cavaliers fièrement campés, un grand nombre d'arabes, montés sur de tout petits ânes; remarqué que les jambes de la plupart de ces cavaliers sont plus hautes que leur monture, ce qui les oblige à tenir le genou plié. Il semble qu'il serait plus agréable de marcher que de conserver cette position incommode.

Pris un bain maure, faisant regretter le Hamman de la rue des Mathurins. Après l'étuve et le massage, on se repose sous la galerie qui entoure les côtés de la cour intérieure de toute maison mauresque ; du divan élevé sur lequel on sommeille, j'entends le murmure d'une fontaine où lavent du linge quelques jeunes femmes, au teint foncé, au torse cambré, les hanches serrées comme dans un fourreau par un morceau d'étoffe bariolée de toutes couleurs.

Après un coup d'œil sur la place du Gouvernement, la place Bresson, le palais de la cour d'assises, je pénètre dans la ville haute, dans le vieil Alger, par la rue de la Kasbah. Là, plus rien d'européen, tout est arabe, gens et choses. Une très longue montée irrégulière, des escaliers de toute dimension, des maisons n'ayant souvent pour toute ouverture sur la rue que la porte d'entrée, petite, basse, dont les jambages et le cintre ont un motif sculpté, uniforme, une rosace ; parfois, aux étages supérieurs, une moucharabie, balcon grillagé d'où on est à l'abri des regards infidèles... qui sont aujourd'hui parfois invités en passant dans la rue à franchir le seuil de ces maisons à l'aspect mystérieux. Entraîné par la curiosité, j'entre : une grande femme au teint bistré, tête démesurée en hauteur, nez et menton crochus, cheveux noirs crépus, yeux effrayants, vêtue d'une robe sombre, serrée par une large ceinture en cuir jaune, avec une immense boucle en acier — ceinture dérobée sans doute à don Bazile. — Elle m'adresse la parole avec un air voulant être aimable et me montre des dents à faire craquer des os. Oh ! la superbe et effroyable sorcière ! où suis-je donc ? la vue de quelques jeunes femmes sous la galerie me rassure, j'en suis vite quitte pour quelques tasses de café et je continue l'ascension de la rue: Bouchers, boulangers, fruitiers, marchands dans des échoppes de la dimension du tambour d'entrée de nos magasins ; le vendeur occupe la place vide lui permettant juste de se tourner dans son réduit et de servir l'acheteur qui marchande, dans la rue.

J'entre dans un café arabe, puis successivement dans plusieurs. L'établissement comprend une seule pièce étroite, un peu plus longue ; six européens y seraient gênés, vingt-cinq arabes s'y trouvent à l'aise, assis ou couchés, laissant de la place pour le service. J'ai pris de nombreuses tasses à un ou deux sous, d'un café excellent, fait séance tenante, jamais d'avance. Je commence à me familiariser avec les physionomies, les turbans, les burnous, les haïks.

Je descends des hauteurs de la Kasbah par des ruelles ayant deux mètres de large, mais dont les maisons se rapprochant l'une de l'autre laissent à peine voir à leur sommet en terrasse, un ruban bleu du ciel. Dans ces rues en pente, enchevêtrées de voûtes, encore des bouchers mzabites, des fruitiers débitant du lait aigre, des boutiques minuscules d'artisans, tisseurs, tailleurs, cordonniers ; des restaurateurs dont la cuisine trop odorante, faite en plein air, vous prend à la gorge et vous suffoque. Tout cela sale et répugnant : des gens en haillons, en loques et des têtes dignes de figurer dans un album de Callot.

J'aborde enfin sur une grande place où se tient un marché encombré, et un peu plus loin, je sonne à la porte d'un aimable architecte, compatriote dauphinois, pour lequel j'ai une lettre de recommandation. Accueil cordial. Après un déjeuner en famille, j'accepte son offre de me faire visiter les abords de la ville. Il attelle un cheval trop fringant à sa voiture ; au bout de cinquante pas, le cheval s'emporte et s'abat, nous projetant tous les deux à quelques mètres en avant : nous nous relevons l'un et l'autre sans blessures. Un autre cheval est attelé qui nous mène à Mustapha supérieur, d'où la vue sur la mer et sur Alger est remarquable ; au jardin d'essai, magnifique collection de palmiers, youkas, fuccus, allée de bambous. Au retour, nous traversons un cimetière arabe. Plein d'arbres, de cactus, d'arbustes et de fleurs, de visiteurs, de visiteuses voilées, ce cimetière n'a rien de triste ; il a presque un air de gaieté. Au champ de manœuvres, à l'Hippodrome, campe une caravane avec de nombreux chameaux. Rentré en ville je visite un docteur de ma connaissance ; j'y trouve des compatriotes, et, ô surprise ! M. J..., un vaillant rédacteur d'un grand journal de Lyon ! c'est le chasseur de grands fauves que j'avais coudoyé sur le bateau, sans le reconnaître sous son costume de Nemrod. Nous dînons tous ensemble et terminons la soirée en parcourant le vieil Alger.

Les deux jours suivants, tantôt en compagnie, tantôt seul, je visite la ville et ses monuments, dont l'un des plus intéressants par sa pure architecture, les dentelles de sa décoration intérieure et les sculptures des portes, est le palais de l'archevêché ; puis les mosquées, dont quelques-unes produisent une certaine impression. Avant de pénétrer dans le temple, le musulman fait ses ablutions à la fontaine qui précède l'entrée ; il enlève ses chaussures par respect pour le lieu saint, mais l'origine de cette coutume pourrait être attribuée avec vraisemblance aux soins de propreté et de conservation des nattes et tapis couvrant les dalles de l'édifice. Devant une colonne, après des prosternations nombreuses, les bras tantôt levés, tantôt abaissés, il s'accroupit et s'endort ou paraît endormi pendant des heures. La mosquée m'a semblé être autant un lieu de repos, plein d'ombre et de calme, qu'un lieu de prière.

En sortant de la grande mosquée Djama Kébir, j'aperçois de la porte ouverte d'une salle basse dépendant de la mosquée, assis autour d'une table, de graves personnages avec des barbes imposantes et des turbans majestueux : ce sont sans doute des marabouts, des Tolbas lettrés ; c'est en tout cas un beau Rubens.

Une après-midi, par un clair soleil, je fais une promenade en mer hors du port, en canot, pour mieux voir et admirer Alger à distance — promenade ravissante. Oui, c'est la bien nommée El Bahadja, la Blanche, la Djézair des Arabes, d'une blancheur éblouissante, particulière, inoubliable ; devant ce magique tableau, dans cette chaude atmosphère transparente, sous ce ciel d'un bleu intense, sur cette mer calme, un charme secret vous pénètre et fait comprendre la nostalgie dont sont imprégnés tous ceux qui, revenus en France, ont habité longtemps l'Algérie.

Avant de quitter mon canot, en rentrant dans le port, j'escalade la jetée, je tombe au milieu d'une école arabe : un maître en turban, encore jeune, au visage doux et intelligent, tient sa classe en plein air devant un panorama incomparable ; une douzaine d'enfants de huit à dix ans sont, ainsi que lui, assis en rond, les jambes croisées à la mode turque, chaque élève ayant une tablette en bois pour cahier. Ah ! les jolies têtes d'enfants avec leurs yeux noirs, leurs bonnes joues, leurs chechias rouges, leurs burnous blancs ! Le tableau est charmant ; je le quitte à regret après un moment de conversation avec l'instituteur.

Je n'ai pas poussé loin les environs d'Alger, tout couverts de cultures, de vignes. Des maisons de plaisance, des villas avec terrasses et vérandas, des fleurs de partout, Notre-Dame d'Afrique, Birmandrés, le vallon de la Femme Sauvage et plusieurs fois la belle montée de Mustapha supérieur, c'est suffisant pour garder dans sa mémoire la ville et ses entours.

Passé ma troisième soirée au théâtre ; le lendemain matin, départ pour Constantine.

III

Constantine — Biskra — Tunis

Dans le compartiment du vagon où je prends place, sont déjà installés deux jeunes gentlemen ; leur accent révèle des méridionaux : ils sont en effet de Nîmes, vont en touristes à Biskra, et rentreront en France par Constantine et Philippeville. Devant suivre au moins toute la journée le même trajet, une cordiale liberté s'établit aussitôt entre nous.

A mesure qu'on s'éloigne d'Alger, le cachet oriental s'atténue et finirait par s'effacer, si, de temps à autre, on n'entrevoyait à travers des eucalyptus quelques burnous, ou un bédouin rouant de coups un de ces pauvres petits ânes qui attirent la sympathie.

On traverse une vaste plaine cultivée. Nous y voyons un labourage à vapeur ; c'est l'extrémité de la Mitidja, le Sahel. Le sol s'élève ensuite par une succession de collines et de petites montagnes boisées : c'est le Tell ; dans le fond, devant soi, les monts de la Grande Kabylie. Un dernier regard en arrière, nous apercevons la mer et le cap Matifou, une tache blanche, c'est Alger.

A Menerville, nous grimpons sur l'impériale de la diligence, le spectacle change, l'Isser luit au soleil ainsi que le ruban d'un de ses affluents. La large vallée et les vallées secondaires présentent une perspective de belles montagnes aux flancs desquelles et souvent au sommet, sont accrochés des villages Kabyles.

Un peu plus loin, nous saluons Souk-el-Had, village prospère, créé par des agriculteurs de la Drôme, que le phylloxera a fait émigrer; puis la vallée se retrécit et on pénètre dans les gorges célèbres de l'Isser. La route en corniche, avec ses encorbellements et ses tunnels, nous fait croire un instant que nous sommes dans les gorges de la Bourne, dans le Royannais; mais l'illusion s'évanouit à la vue des immenses et bizarres cactus, appelés ici figuiers de Barbarie, et des élégants aloës sortant des roches et profilant dans l'air leur frêle tige élancée, des lauriers roses bordant les cours d'eau, des haies de rosiers en fleurs et des oliviers séculaires de la grosseur des noyers dauphinois, qui forment de véritables forêts sur les montagnes environnantes.

Après Palestro qui rappelle un des plus lugubres souvenirs de la rébellion de 1871, on suit à distance la chaîne du Djurdjura avec ses pics fièrement découpés dont le plus élevé dépasse deux mille trois cents mètres; puis la région devient aride, triste. De maigres pins, des terrains bouleversés, de nombreux oueds coupant des plateaux dénudés auxquels succèdent des plaines souvent sans arbres. Dans le cours de la matinée, l'atmosphère s'est transformée en une lumière légèrement blanche et brumeuse, qui tamise les rayons du soleil; l'air est très doux, diaphane, ne cachant aucun coin de l'horizon bleu. Tel sans doute ce voile vaporeux qui protégeait les Hébreux traversant le désert biblique.

Aux approches de Bordj-Bouira, où c'est jour de marché, la route est encombrée : colons en jardinière à l'allure rapide, arabes et kabyles à pied, à cheval, d'autres traînant un âne surchargé, malmené, ou poussant une voiture disloquée, à laquelle est attelée, avec des cordes, une vache étique, puis des femmes en haillons, courbées et pliant sous le faix.

Je morigène notre postillon qui conduit la diligence grand train, parce qu'il lance en tourbillon son fouet sur ces piétons et cavaliers indolents, peu pressés de céder la place; il me répond, sans me convaincre, que c'est le seul langage à la hauteur de leur entendement, que cette race n'estime que la force et méprise la faiblesse.

Nous traversons les Portes de fer, d'autres localités, puis Sétif; au Kroub, mes compagnons se dirigent sur Biskra et, regrettant de ne pouvoir les suivre, car Biskra empièterait sur mes jours de voyage qui sont comptés, j'arrive la nuit à Constantine, ancienne capitale de la Numidie.

Le lendemain de bonne heure, guidé par un aimable sous-intendant militaire, nous parcourons la ville qui est des plus curieuses.

Constantine a cette particularité qu'elle ne ressemble à aucune autre ville : bâtie sur un immense rocher escarpé, isolé, aux profondes parois à pic surmontées de hauts remparts formant tout autour une enceinte de gorges effrayantes, au fond desquelles coule et gronde le Rhumel qui, à certains endroits, s'engouffre sous des voûtes souterraines pour ressortir en nombreuses cascades.

Le colossal bloc sur lequel la ville est assise, s'incline d'un côté, formant un ithsme ; au sommet, la ville haute, couronnée par la Casbah, les édifices publics, de belles mosquées à minarets, la ville française ; puis, par une ligne bien tranchée, la ville arabe descendant la pente — c'est le contraire d'Alger. Cette partie de la ville est très peuplée, ses rues, ses ruelles étroites, enchevêtrées, ses voûtes basses avec leurs boutiques indigènes, ont une vive animation ; on y coudoie une foule compacte d'arabes, de berbères, de nègres ; on se sent dans un milieu exclusivement africain, ayant conservé ses costumes, usages et coutumes.

Vu passer un enterrement, marchant à toute vitesse. Rien d'aspect sévère ni de funèbre; les assistants, vêtus de couleurs voyantes, courent en sautillant, cherchant à se dépasser, pour remplacer les porteurs, se renouvelant à chaque minute, du cercueil recouvert de riches tapis. qui repose, instable, sur leurs épaules.

Vers la fin de la journée, je rencontre deux Valentinois, l'un exploitant un grand domaine agricole, l'autre en tournée d'affaires commerciales. Heureux de cette rencontre, nous terminons la soirée ensemble dans un concert maure, plus intéressant par la vue des cantatrices indigènes, de leurs brillants costumes, des instruments bizarres, que pour l'oreille, pourtant bercée par des chants d'une monotonie un peu plaintive, non sans charme.

Le lendemain matin je reprends le train ; au lieu de bifurquer au Kroub sur Guelma, itinéraire primitif, je pousse vers le sud. Je me suis décidé à voir le Sahara. Arrivé à Batna dans l'après-midi, je remarque, en traversant la place, — ce n'est pas la première aquarelle de ce genre que je vois depuis mon arrivée, — un cavalier, turban aux plis artistiques, burnous immaculé, monté sur un élégant cheval à fine encolure ; il est superbe d'attitude, droit, digne, la pose presque hiératique, sans raideur cependant. — Le Kalife de Stamboul, se rendant le vendredi à la prière, ne doit pas avoir plus grand air...

Une heure après, j'enfourche, comme je peux, un cheval ayant une selle en bois qui remonte dans le dos ; je vais à Lambessa. Sans descendre de cheval, je parcours des ruines romaines d'une grande étendue, je passe sous des portes architecturales et des arcs de triomphe encore debout ; je pénètre dans un vrai musée, le Prétorium, imposant monument assez bien conservé, encombré de statues, de chapiteaux, de mosaïques antiques. Au retour, afin d'atténuer les ressauts désagréables que produit une selle arabe sur le sol durci de la route, je coupe à travers champs. Des nichées de cailles partent de tous côtés sous le galop de mon cheval ; leurs cris effarés, stridents, se mêlent aux voix et aux gestes menaçants des arabes qui se récrient contre ma chevauchée hors de la route. S'ils avaient su pourquoi, ils auraient été sans doute plus indulgents.

Rentré à la nuit à Batna, je me couche illico, et le lendemain matin, à cinq heures, je hume l'air frais sur l'impériale de la diligence attelée de six chevaux. Au premier relais, près d'un bordj ou caravansérail occupé par un goum de Spahis, une auberge, et à quelques pas, un gourbi, petit monticule informe de branchages et de terre ressemblant à un tas de fumier d'où s'échappe un peu de fumée ; de cette hutte sort toute une smalah : hommes et femmes, enfants peu vêtus ou en guenilles, sales. Comment peuvent-ils, en si grand nombre, se tenir dans si peu d'espace ?... Je remarque l'un d'eux, un grand gaillard de vingt ans, moins sale que les autres, qui entre dans l'auberge ; je le suis et le trouve en admiration contemplative devant un harnachement neuf de cheval, composé de la fameuse selle en bois et d'une bride ornée de cuivres reluisants et de floquets rouges.

J'apprends que ce jeune arabe, ainsi hypnotisé, rêve sans doute de chevauchées et de fantasias, car il n'a pas encore de cheval et qui sait quand il en aura un ? Il a cependant commencé à acheter l'harnachement, ce qui a été l'occasion consacrée — tels, toute proportion gardée, nos pages au moyen-âge lorsqu'ils passaient chevaliers — d'une fête donnée la veille en son honneur, dans laquelle, toute la journée, les abords du bordj avaient retenti du bruit des danses, des pétards et de la fusillade.

La diligence repart. Après une montée très raide, vient une descente rapide ; le chemin de fer est en construction ; à certains endroits, les travailleurs sont des disciplinés militaires surveillés par des soldats le fusil au poing ; plus loin, une collection de types disparates : kabyles, marocains, nègres, terrassiers mahonais, siciliens, calabrais et maltais. Arrêt à une cantine : tous les comestibles et les liquides sont à l'abri de solides grilles. Il faut payer d'avance pour être servi. Cela doit se passer ainsi dans les montagnes rocheuses.

Depuis le matin, l'horizon est barré de tous côtés par de hautes montagnes éloignées. Nous sommes dans l'Aurès. Vers midi, on s'en rapproche, se demandant si on gravira la chaine. Brusquement, à travers une faille au fond de laquelle coule un oued, on entre dans le cœur de la montagne, à un endroit qui forme un petit cirque contenant quelques maisons et un hôtel. Déjeuner rapide.

La route continue à suivre l'échancrure verticale de la montagne jusqu'au versant opposé. Tout à coup, après avoir franchi un pont romain « *El Kantara* », jeté en travers de l'étroite coupure, apparait, vision inoubliable, une levée de rideau féérique. C'est un éblouissement. On est saisi, et involontairement s'échappe un cri d'admiration... Quel spectacle grandiose ! Devant soi, le désert et son immensité, un ciel encore inconnu, lumineux, transparent, profond, d'un bleu chauffé à blanc par le soleil saharien de midi. De ce pont, que les arabes ont appelé la bouche du Sahara, on domine l'oasis et ses innombrables palmiers, non plus les chétifs et anémiques palmiers de Nice et d'Alger, mais des palmiers géants, superbes, quelques-uns de toute hauteur, dont les aigrettes repliées, découpées dans l'azur, dominent les autres, semblables à des officiers montés dépassant une armée de fantassins... Enfin, voilà réellement l'Afrique de nos rêves... elle ne commence qu'à El Kantara. Ceux qui ne sont pas venus jusqu'ici ne la connaitront jamais.

El Kantara! Voici ce qu'en dit Fromentin :

« Les palmiers, ce petit village couleur d'or, enfoui dans « des feuillages verts, déjà chargés des fleurs blanches du « printemps ; une jeune fille qui venait à nous en compagnie « d'un vieillard, avec le splendide costume rouge et les riches « colliers du désert, portant une amphore de grès sur sa « hanche nue; tout le désert m'apparaissait ainsi sous toutes « ses formes, dans toutes ses beautés et dans tous ses em-

« blêmes; c'était, pour la première fois, une étonnante vision.
« Ce qu'il y avait surtout d'incomparable, c'était le ciel. Le
« soleil allait se coucher et dorait, empourprait, émaillait de
« feu une multitude de petits nuages; au-delà commençait
« l'azur, et alors, à des profondeurs qui n'avaient pas de
« limites, à travers des limpidités inconnues, on apercevait
« le pays céleste du bleu. Des brises chaudes montaient, je
« ne sais quelles odeurs confuses et quelle musique aérienne
« au fond de ce village en fleur. Les dattiers, agités douce-
« ment, ondoyaient avec des rayons d'or dans leurs palmes,
« et l'on entendait courir, sous la forêt paisible, des bruits
« d'eau mêlés aux froissements légers du feuillage, à des
« chants d'oiseaux, à des sons de flûte. »

La diligence, à toute volée, traverse la vaste plaine, franchissant des oueds sur des ponts renversés, côtoyant quelques petites oasis, dépassant ou rencontrant, en sens inverse, des voituriers tunisiens aux charrettes peinturlurées; des caravanes de chameaux dont quelques-unes se découpent au soleil couchant, sur la crête de la montagne violette où nous traversons le col de Sfa. De ce point, nouvel émerveillement... on a devant soi le Sahara, et au plus loin de l'horizon, une ligne bleue que l'œil prend pour la mer.

J'arrive à Biskra à la nuit tombante. Je retrouve mes deux gais compagnons de Nimes; à table nous piochons, c'est le mot, dans un grand plat de couscoussou ; heureusement qu'il y a d'autres mets, surtout un *méchoui*. Nous prenons le café au cercle militaire où nous nous trouvons en pays de connaissance, et, sous la direction de nos camarades officiers, nous visitons quelques cafés maures; dans l'un nous écoutons un taleb lisant un livre de contes arabes; dans un autre nous prolongeons la soirée en assistant à diverses danses indigènes, dont quelques-unes ne manquaient pas de caractère... Il ne faudrait pas s'en faire une idée par les échantillons répugnants de l'Exposition de 1889. Les almées, quelques-unes de grande et belle allure, d'autres plus petites, nubiennes ou sahariennes, au teint de bronze ou chocolat clair, admirables de proportions, ont toutes des costumes bariolés ; le cou, les bras, les jambes et la tête sont surchargés de colliers, de bracelets, de sequins et de bijoux ; aux oreilles, des anneaux, des boucles, qu'on dirait détachés des jarrets d'un cheval.

Ces danses ravissent les sahariens qui sont venus en foule y assister ; leur joie se lit sur leurs visages bronzés, et ils paraissent boire cette musique innommable, à la fois éclatante et sourde, qui va me poursuivre jusque dans mon sommeil.

Le lendemain, à cinq heures, je parcours Biskra et le splendide parc Landon. C'est merveilleux, on se croirait dans une serre incommensurable. Au marché arabe, je bois du vin de palmier... sans plaisir ; je cherche des dattes non desséchées sans en trouver, malgré les soixante-douze variétés de Biskra.

A huit heures, nous commençons la course arrêtée la veille, grimpés sur des chameaux, et notre caravane assez nombreuse, à laquelle se sont joints quelques officiers à cheval, se dirige sur le vieux Biskra et son oasis aux 140,000 palmiers. Une bande considérable de petits biskris, à moitié nus ou n'ayant pour tout vêtement qu'un fragment de burnous, nous environne, mendiant un petit sou. Du haut de nos montures à l'allure saccadée, on plonge par-dessus les murs en terre qui s'effritent dans de frais jardins où les légumes sont cultivés à l'ombre de palmiers, d'orangers, de figuiers, d'oliviers. Nous montons au faîte de la mosquée et nous dominons l'oasis et le désert environnant. En reprenant notre course à travers les chemins défoncés, nous voyons sortir, des basses maisons à terrasses en briques cuites au soleil, lavées fréquemment au lait de chaux et toujours blanches, de drôles têtes d'enfants et de vieilles et laides femmes ressemblant à des sorcières, avec de grands yeux noirs qui ardent des tisons ; peu de jeunes se montrent ; une ou deux cependant, fort belles, ramènent vivement un voile sur leur visage ; des costumes et des bijoux impossibles ; des hommes assis ou étendus de leur long, et tous, comme si leur teint ne suffisait pas à les faire reconnaitre, un tatouage au milieu du front, comme une marque de fabrique. En courant ainsi à l'allure récalcitrante de mon dromadaire, je regrette de ne pouvoir fixer au crayon les formes, les costumes, les attitudes des habitants, de leurs demeures et ce coin de paysage. De Marilhat à Guillaumet, tous les peintres nous ont fait connaître l'Algérie avec ses aspects sérieux ou poétiques, mais il reste encore à faire un curieux album fantastique par quelque disciple de Jacques Callot.

Nous sortons de l'oasis, et, côtoyant le désert le long d'un oued desséché, nous remontons vers Biskra, toujours environnés de la nuée de petits biskris émerveillés des exercices prodigieux d'un de nos compagnons qui se tient droit sur son chameau en marche et parvient même à y faire l'arbre fourchu. Nous nous débarrassons de cette fourmilière turbulente en promettant un prix à celui qui atteindra le premier un point éloigné. La nuée prend son vol dans la direction indiquée, avec une rapidité formant un tableau réjouissant.

Après déjeuner, pendant que mes compagnons se reposent, avec un guide, tous les deux à cheval, je vais tâter du Sahara. Je pique droit au sud, au vrai désert, enfonçant dans le sable jaune. Pendant des heures, j'escalade des dunes se succédant à l'infini, des vallonnements incessants, tantôt minces tantôt très élevés, avec des pentes à pics tout surpris de découvrir, au fond des cuvettes, de rares herbes vivaces ; puis, sous la brise, on voit le sable impalpable courir le long des crêtes avec des reflets de lumière, comme le vent sur une mer agitée, ou, lorsqu'il moire, en les inclinant, d'immenses moissons dorées. De tous les côtés, pas d'autres horizons que des vagues de sable, un soleil brûlant ; pas un oiseau dans l'air transparent, dilaté, frissonnant en ondes visibles ; un ciel pur, plus blanc que bleu, un silence solennel, absolu, pareil à celui des hautes cimes des Alpes... En ce lieu, on comprend le pays de la soif et l'effroi des caravanes à l'approche du simoun.

Nous sortons des dunes. Au pied d'un monticule rocheux, un oued réfléchit les rouges rayons du soleil couchant ; la vue de l'eau m'attire ; je me dispose à prendre un bain ; le guide m'en détourne en disant que l'endroit distille la fièvre ; il me mène quelques kilomètres plus loin, à un établissement thermal tout primitif, appelé les Eaux chaudes. Je me précipite dans la piscine. L'impression est désagréable ; l'eau est en effet trop chaude, et je n'éprouve pas le rafraîchissement ardemment cherché. Encore un assez long trajet à suivre pour retrouver Biskra où j'arrive, fourbu, à neuf heures du soir, retrouvant mes compagnons attablés. La soirée se termine en échangeant nos impressions, et à une heure du matin nous reprenons la diligence qui nous ramène à Batna.

Longue étant encore la carrière que j'ai à parcourir dans un espace de temps limité, je traverse sans arrêt Guelma, Duvivier, Souk-Ahrras. En chemin de fer j'interroge mes voisins, je cause avec eux de choses arabes. A les en croire, les Arabes sont fainéants, menteurs et voleurs, ne s'inclinant que devant la force dont ne négligent pas de se servir les Français qui, au lieu d'être des colons, dans le sens du mot, se livrent au commerce et se font « mercantis », laissant le travail manuel aux étrangers et au petit nombre d'arabes qui veulent s'y livrer. On m'explique que la propriété arabe est collective par rapport à la tribu ; elle se divise ensuite entre les douars, et dans les douars entre les individus, suivant leurs droits résultant d'héritages par tradition. L'unité est la charrue qui représente environ dix hectares de terre arable. Les uns ont une grande quantité de charrues, d'autres une seule, d'autres une moitié ou un quart et d'autres rien. Pourquoi trouve-t-on partout cette inégalité dans la distribution de la richesse?

La question algérienne se posera longtemps encore.

Gustave Guillaumet, le grand peintre de l'Algérie, se demandant si les deux races si éloignées pourront jamais se fondre, répond que l'arabe fait, en réalité, au rebours de nos usages. Il commence la lecture d'un livre par son dernier feuillet, écrit de droite à gauche, se déchausse à la porte pour saluer, au lieu de se découvrir la tête, s'interdit le vin, vit au milieu de plusieurs épouses, exclut la femme de ses temples, méprise le travail quand nous l'honorons, se réserve les ouvrages d'aiguille en imposant à l'autre sexe les plus lourdes besognes. Pour lui, la générosité est faiblesse; il ne s'incline que devant la force, se défend toute humanité envers les animaux et massacre ses prisonniers chrétiens... afin d'aller en paradis.

Après Souk-Ahrras, on entre en Tunisie, traversant les montagnes kroumiriennes où croît le chêne zéen et où prend naissance la Medjerda. Une succession ascensionnelle de gorges sauvages; puis la vallée s'ouvre très large, aux perspectives lointaines, avec un cadre de belles montagnes; à son centre, le fleuve torrentiel; de chaque côté, d'immenses champs de blé au milieu desquels surgissent, d'ici de là, d'imposantes ruines, vestiges de villes romaines, ou un campement de tribu venant faire la moisson : tentes noires, disséminées, chameaux au long col, chevaux maigres, chèvres à barbiche, chiens aux poils hérissés, et, moins intéressants, les hommes drapés, regardant les femmes travailler; des groupes d'enfants éparpillés pêle-mêle, très beau comme couleur locale. Se garder d'approcher...

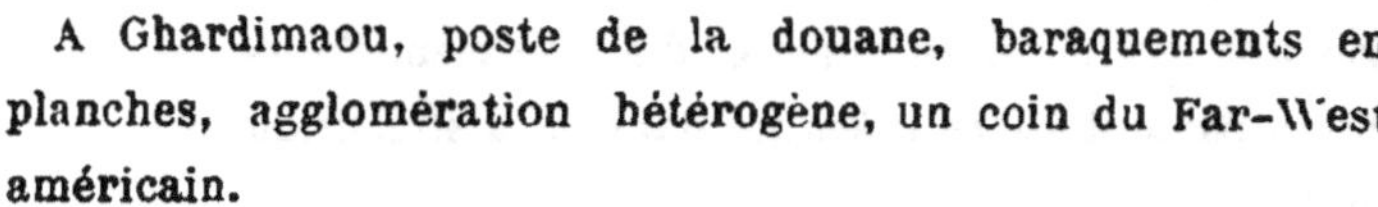

A Ghardimaou, poste de la douane, baraquements en planches, agglomération hétérogène, un coin du Far-West américain.

La vallée continue à s'abaisser, les villages sont plus nombreux, les villes se rapprochent entourées de vignes et de vergers. J'entrevois les jardins de la Manouba au crépuscule, et j'arrive à Tunis à la nuit close.

Tunis.

Les journées que j'ai passées à Tunis et ses environs sont pleines de souvenirs variés.

L'aspect de la ville est autrement oriental qu'à Alger, tant dans les monuments, dans les habitations, que dans la population, bien que des savants prétendent y retrouver la trace des races diverses qui ont occupé le pays depuis les Chananéens jusqu'aux Turcs, et, dans l'intervalle, les Phéniciens, les Romains, les Vandales, les Grecs de Byzance, les Arabes, les Maures d'Espagne, sans parler des Juifs qui sont ici fortement implantés ni des échantillons de toutes les variétés nègres. Ce qui est certain, c'est qu'on y rencontre tous les types de l'humanité, un vrai musée ethnologique. Un musée aussi, la collection complète des couleurs des vêtements des indigènes, et dans chaque couleur la gamme entière des nuances, depuis le ton le plus intense jusqu'à la gradation éteinte, mourante, évanouie, morte...

Et cette fanfare des yeux, ayant pour accompagnement continu des tons d'abricot et de safran, s'harmonise admirablement sous le chaud soleil; elle se répète partout sur les marbres, les faïences, les poteries, les peintures; sur les mosquées, les coupoles, les palais, les maisons, les échoppes, les portes ouvragées, jusque sur les meubles.

Et partout une vie, une animation prodigieuse, un défilé

féérique, des costumes les plus riches aux loques les plus invraisemblables. De temps à autre, des juives, crevant d'embonpoint, avec pantalon collant, jambières dorées, vestes soutachées d'or, un simulacre de pantoufle, coiffées d'un éclatant cône de magicien. On croit rêver et le rêve devient une hallucination quand toute cette animation se concentre dans le quartier musulman, pendant les soirées du Ramadan, où les fidèles se rattrappent, en mangeant des graines de courges, des rigueurs du jeûne et rient, comme de grands enfants, aux exploits indescriptibles de leur polichinelle ou guignol, dont je ne me souviens plus du nom.

J'alterne mon temps à parcourir la ville, les ruelles, les souks et la banlieue. Les souks sont d'immenses bazars plus curieux, dit-on, que ceux de Constantinople, en plein quartier arabe, dans un enchevêtrement de rues voûtées ou recouvertes par une toiture à travers laquelle zèbre le soleil; dans ces maisons basses, d'innombrables petites boutiques contenant tout ce qu'on peut imaginer : des couvertures blanches, rayées de rouge ou de jaune venant du Sud, des tapis d'Orient, des étoffes soyeuses brodées de versets du Coran, que le marchand dit avoir été dérobées dans les mosquées de la Sainte la Mecque; des armes damasquinées, des médailles, des bijoux, et, dans une rue spéciale, tous les parfums de l'Arabie, dont une seule goutte d'essence se paie deux piastres ou 1 franc 20 centimes.

J'entre souvent dans les nombreuses boutiques de poterie. Il est facile d'y acheter pour quelques piastres des vases, des amphores, aux colorations réussies, de fabrication récente, qu'on dirait venir en droite ligne des Etrusques ou des pharaons; des pots, des plats et d'autres objets dont les exemplaires ont été trouvés dans les fouilles de Troie et d'Ithaque.

Le Bardo, résidence de l'ancien bey, grande construction sans caractère, m'a laissé froid. Remarqué, cependant, l'escalier des lions, les belles salles du Harem, aux parois en majoliques italiennes, aux merveilleux plafonds en stuc, de vraies dentelles, et une admirable mosaïque antique, trouvée à Sousse.

Du Bardo à la Manouba, la distance n'est pas grande ; des deux côtés de la route, des villas et de beaux jardins, où je vois avec plaisir comme de vieilles connaissances figurer quelques mûriers, ici arbres d'agrément. Pendant le trajet au chaud soleil couchant, je vois défiler un escadron de cavaliers arabes aux costumes éclatants, retenant leurs chevaux qui hennissent et dont les sabots soulèvent la poussière, nuage d'or, qui nimbe les fanions, les étendards démesurés rouges et verts, surmontés de boules et de croissants dorés, étincelants sous les rayons du soleil qui va disparaître.

Parcouru les environs de Tunis à cheval ou en voiture, visité la vallée du Kangat-Heljad, où les Carthaginois exterminèrent les Mercenaires, devenus trop exigeants; vallée pleine de ruines antiques, qui vient d'être transformée en d'immenses vignobles par des colons français ayant à leur tête un vaillant Lyonnais, M. Emile Lançon. Au retour, à travers encore de grandes plantations de vignes, sur le bord de la route, à côté d'un pittoresque bâtiment à terrasse. remarqué un grand puits profond au-dessus duquel est un portique assez élevé, qui le coupe. Dans ce puits, trois grandes outres suspendues au portique, s'enfoncent et s'emplissent ; elles sont remontées, au moyen d'une courroie chacune, par un bœuf, qui fait une dizaine de mètres jusqu'à ce qu'elles soient au sommet ; à cet instant, elles se vident dans un canal et les bœufs revenant sur leurs pas, les outres replongent, et ainsi de suite. Des felhas demi-nus irriguent la ferme. Le Nil en moins, c'est un tableau égyptien.

Un autre jour, par un temps merveilleux, je pars à l'aube pour le pèlerinage de Carthage, visitant en passant la Marsa.

Arrivé sur la glorieuse colline, le souvenir vous étreint des événements fertiles en tous genres qui se sont déroulés sur ce sol, que votre pied foule et que votre regard mesure, pendant les quinze siècles où Carthage fut successivement ville punique, ville romaine, ville byzantine, détruite définitivement par les arabes, à la fin du VIIe siècle. De toutes ces grandeurs évanouies, il ne reste que les antiques citernes qu'on vient de dépoétiser par une restauration peut-être utile, mais qui est affreuse.

Une journée à souhait : le soleil resplendit sur une mer miroitante, admirablement belle, une mer primitive des temps reculés, une mer des tableaux de Claude Lorrain, suggestive, idéale... attirante et tellement attractive, qu'arrivé au ras, au pied d'une falaise couronnée par un fortin turc abandonné, je me suis trouvé avoir fait un plongeon et tirant ma coupe vers un îlot assez éloigné du rivage, émergeant à peine, je reprends haleine sur ce vestige des fortifications marines carthaginoises. Ah ! quel délicieux bain ! A ce moment, j'ignore ce que j'aurais répondu à celui qui m'aurait demandé dans quel siècle nous étions.

Ce bain n'ayant pas été prévu, je me sèche au soleil en me roulant sur le sable fin, semé de coquillages et de fragments de poteries, dont je fais quelque provision ; je découvre même une petite monnaie ancienne. Mis en goût par cette trouvaille, je remonte la colline, recueillant par ci par là des morceaux de mosaïques et des tessons de poterie, lorsque j'entends des cris, et, levant les yeux, je vois fondre sur moi trois individus, drôlement accoutrés, dont l'un armé d'un fusil. Avant qu'ils m'aient rejoint, j'ai le temps de sortir mon revolver de ma sacoche et de tirer en l'air. Ils s'arrêtent net, je m'approche ; ils m'apprennent qu'il est défendu de s'approprier un fragment quelconque des ruines amoncelées de tous côtés. Il ne me reste qu'à filer.

Un arrêt à la chapelle Saint-Louis ; une visite au musée intéressant des Pères Blancs, et, avant midi, je suis de retour à Tunis. Le temps de déjeuner, je pars en voiture pour la belle montagne du Zaghouan (1.350 m.) qui, comme un phare, est vue de presque tous les points de la Tunisie.

En moins de cinq heures, sans arrêt, sauf un quart d'heure à une fontaine, mes trois petits chevaux arabes, stimulés par un simple clappement de langue du cocher, tantôt sur la route, tantôt sur une piste à travers champs ou bois, le long du majestueux aqueduc romain, franchissent 50 kilomètres. Arrivé au pied de la montagne, je m'arrête à la belle propriété de la Compagnie des Eaux et du grand vignoble de M. le colonel Faucambergue, auprès de qui je suis accrédité ; je comptais y passer la nuit, mais je préfère, pour être plus avancé demain matin, pousser 6 kilomètres plus loin, jusqu'à la bourgade de Zaghouan dont j'aperçois les pittoresques blancheurs. J'y parviens à la nuit, mais point d'hôtel ni d'auberge : un seul foudouk tenu par un provençal qui ne peut me donner un lit. Enfin, j'ai d'autres ressources, et, guidé par un mercanti qui s'est offert de me piloter, je vais frapper à la porte d'un forestier ardéchois de Vernoux, qui se met à ma disposition en m'insinuant cependant que, pour une ascension le lendemain et pour visiter le télégraphe optique installé au sommet de la montagne, l'autorité militaire me serait précieuse. J'ai justement une lettre pour le capitaine Le Vessel, du 4e zouaves, et me voilà parti pour le camp installé sur une hauteur. J'y arrive après neuf heures du soir. Les officiers sont réunis dans la salle de la *popote*, dans laquelle on me fait souper. Cordiale et bonne soirée, on se sent en famille ; histoires de toute sorte au milieu de la fumée des cigarettes et des pipes. A minuit, mon excellent capitaine, qui m'a prévenu qu'il serait mon guide, me mène coucher dans un baraquement. A deux heures du matin, son ordonnance me

Le Zaghouan

réveille et sert le café; un moment après, au clair de lune, nous nous engageons dans un chemin creux, couvert d'arbres et d'ombre; je suis le capitaine qui est devant, j'entends, derrière des haies, des bruits, des mouvements de branchage... presque inquiétants; le capitaine me rassure, me disant que ce sont les indigènes en train d'arroser leurs jardins : voilà des gens plus vaillants que les Algériens.

Nous escaladons la montagne et atteignons le sommet vers six heures du matin. Le froid est vif; nous pénétrons dans le perchoir du télégraphe optique, gardé par deux télégraphistes militaires, relevés à de longs intervalles, et, de ce point culminant, avec les puissantes lunettes du poste, nous explorons admirablement plus de la moitié de la Tunisie; la mer est rapprochée, Kairouan aussi; des villes, des bourgs, des plaines et des montagnes sont à nos pieds. Quel admirable panorama!

Au retour, visite au Temple des Eaux, édifice romain grandiose; c'est ici la source principale des eaux qui alimentent Tunis. A neuf heures, quittant à regret mon aimable et distingué guide, je remonte en voiture. Sous une superbe porte triomphale romaine, je retrouve l'hébreu, qui, la veille, s'était offert pour guide; il me demande une place pour Tunis, je ne peux refuser; mais un peu plus loin, son frère avec deux ou trois enfants me fait la même demande. Comme je ne suis pas venu pour convoyer une tribu d'Israël, je refuse et me voilà parti au trot rapide des chevaux qui n'ont eu pour toute nourriture qu'une ration de chiendent frais.

Le paysage n'est pas très varié : des mamelons maigrement boisés, des champs de blé, des vignes, des terrains incultes, et toujours cet admirable et fruste aqueduc romain; puis en se rapprochant de Tunis, une construction colossale d'un bel effet, un palais oriental doré et illuminé par le soleil, une folie, paraît-il, d'un bey luxueux. De près, c'est une désillusion, car ce palais et ses jardins sont abandonnés et voués aux ruines ; cela s'appelle Mohammedia.

J'arrive à Tunis. C'est ma dernière journée ; je fais une tournée d'adieu. Je suis d'ailleurs un peu las et commence aussi d'en avoir assez des marabouts, turbans, burnous, haiks et gandouras de toutes couleurs ; des koubas, des mosquées, des darboukas et autres instruments africains. Oui, je commence à *languir* et ma pensée vole de l'autre côté de la mer, vers notre beau Dauphiné, qui, je le reconnais, est préférable à tout ce coloris oriental.

Je suis aussi saturé de la cuisine africaine, et, combien je paierais cher une bouteille de notre bon petit vin dauphinois ou de mon Herbemont, qui rafraîchissent et désaltèrent au lieu de sécher le palais et serrer le gosier, comme fait le trop riche vin d'Afrique.

Enfin, demain je mettrai le cap sur l'Europe, je me rapprocherai de la France !

IV

Malte — La Sicile — Cagliari

En vue de Cagliari. — A bord du « Caprera »

Mai 1889.

A Monsieur E. C. à Grenoble.

Mon cher ami,

Cagliari ! Je suis tout étonné en écrivant ce nom qui m'était presque inconnu il y a trois jours ; il ne figurait pas dans mon itinéraire. Comment se fait-il que je vienne d'y passer une demi-journée ? Voilà l'imprévu des voyages : une *combinazione* pour rejoindre la *coïncidenza* pour Naples où je me dirige.

Cagliari est curieuse : placée à l'extrême-sud de la Sardaigne, regardant l'Afrique, adossée à des collines, fortifications moyen âge, environnée de ruines anciennes, maisons élevées peintes en rouge, en jaune et autres couleurs ; le linge lessivé étendu sur des cordes à travers les rues, des statues colossales sur les places, on se demande si l'on est dans une ville italienne, levantine, espagnole ou américaine. Ce qui paraît dominer dans ce bariolage, c'est la misère italienne, si on en juge par les journaux de l'île, pleins d'annonces judiciaires à la suite de saisies pour défaut de paiement des impôts.

En sortant du port, on aperçoit les grandes lagunes de Quartu et son bourg renommé, où sont conservées intactes les traditions sardes.

Mais avant de continuer mon récit, nous avons un petit compte à régler : vous savez que je vous en veux de m'avoir fait faux bond cette année et obligé de faire ce voyage en solitaire ; en représaille de votre désertion, je m'étais promis de bouder en gardant le silence, mais j'ai trouvé une vengeance plus digne, c'est de vous procurer le regret, le remords de ne m'avoir pas suivi en vous donnant une idée affaiblie, il est vrai, mais dont les lacunes seront comblées par votre imagination, de tout ce que vous auriez vu si vous ne vous étiez pas laissé enliser par le farniente. J'espère aussi que cela vous amènera à résipiscence à l'avenir. Ainsi soit-il.

Vous verrez par mes notes de Marseille à Tunis qu'il vous faudra faire ce voyage ; quand vous le voudrez, je serai prêt à le refaire.

Voici la suite de mes notes :

Embarqué à la Goulette sur la *Ville de Madrid*, le bateau double le cap Bon ; je fais mes adieux aux rives africaines par une magnifique matinée ensoleillée ; une multitude d'embarcations sillonnent la mer et le lac Bahina, au fond duquel apparaît encore la blanche capitale de la régence. L'atmos-

Cathédrale de Carthage.

phère est très pure, les coteaux et les montagnes sont nettement dessinés ; à mesure qu'on s'éloigne, disparaissent successivement les collines de la Marsa, la cathédrale et le cap de Carthage, la montagne de Plomb et enfin l'admirable cime du lointain Zagouhan.

Accoudé à la rampe du bateau, au balancement rythmique de la mer indolente, je récapitule mes souvenirs depuis mon départ et, fermant la page sur ces souvenirs d'hier, une fête des yeux plutôt qu'une satisfaction pour l'esprit, j'anticipe sur demain, j'évoque, non sans une secrète émotion, ces régions peuplées des souvenirs encore debout de la grande Grèce, de cette mystérieuse Sicile dont je me rapproche, de ces rivages où le subtil Ulysse accomplit son odyssée, de ce sol sacré qui a conservé des œuvres originales des plus belles époques de l'antiquité!

Je cours vers ces parages où, au déclin du paganisme, le pilote Thamus entendit, effrayé, une grande voix lui ordonnant de crier aux échos : Le Grand Pan est mort! Un frémissement agita le vieux monde et dans la tombe de Pan fut ensevelie cette antique religion païenne qui a le mieux compris la Nature, poétisé et divinisé ses forces, révélé d'immortels artistes. Après mille ans de ténèbres, un rayon s'est échappé de cette tombe, faisant enfin germer et éclore la forte et adorable Renaissance.

La vue de l'île de Pantalleria, dont on distingue les maisons et les jardins, interrompt mes réminiscences; je me reprends et j'examine les passagers peu nombreux, voyageurs de commerce allemands, belges et suisses, une famille de tripolitains de Barbarie, type complet de levantins, costume moitié oriental, moitié européen, bijoux voyants, allures communes et mercantiles. De ce groupe familial, à propreté suspecte, émerge, on se demande comment, une jeune personne, vêtue en vraie parisienne, et causant en connaisseuse du boulevard de la Madeleine; puis deux touristes parisiens, venant de Touggourt, qui les a déçus. Ils suivent mon itinéraire ; nous lions connaissance et convenons de voyager ensemble.

Le lendemain matin, je m'éveille dans le port de Malte : ce port est très grand, avec des bras et des ramifications dans tous les sens; il est plein de bateaux marchands, de navires de guerre anglais, d'amoncellements énormes de charbon, de docks immenses, de bassins de radoub ou de construction, et dominant le tout, une double et triple enceinte de hauts remparts montrant la gueule de leurs canons. Nous débarquons à la Valette, au milieu du fouillis d'une populace malpropre, ramassis de tous les bords de la Méditerranée, qui nous assaille pour porter nos bagages. Nous montons une grande avenue en amphithéâtre conduisant en ville, nous croisons un détachement d'highlanders écossais qui va embarquer, accompagné d'une musique militaire ayant pour instruments des cornemuses, binious, fifres et tambourins.

L'horaire des bateaux nous donne trois jours à passer à Malte, un jour plein suffirait ; nous visitons d'abord la ville, la cathédrale, l'ancien palais des chevaliers de Malte, contenant les portraits des Grands Maitres, de belles tapisseries, des armures de chevaliers, une superbe collection d'armes anciennes et d'armes sarrazines, la grande et riche bibliothèque, très fréquentée. Sur le champ de manœuvre, les soldats anglais (ils sont sept mille à Malte) font l'exercice ; des officiers faisant des signaux sont sur les toits des maisons ; puis nous parcourons l'île le long des chemins bordés de murs, à travers des champs très fertiles, dépourvus d'arbres; çà et là quelques villages ou bourgades. Vers la fin de la première journée, nous sommes devant une jolie petite baie attirante, appelée la baie Saint-Paul, du nom de l'apôtre qui y débarqua. Un de mes compagnons parisiens, partageant ma prédilection pour les bains froids, du rocher sur lequel nous mettons habits bas, nous piquons la tête dans les flots rafraîchissants ; le lendemain et le surlendemain, nous renouvelons ce délicieux et salutaire exercice.

Malte, La Valette n'offrent aucun divertissement. Après avoir visité les docks, un navire de guerre anglais, d'une propreté d'intérieur hollandais, couru en canot l'immense port, vu manœuvrer les Anglais cordialement détestés par les Maltais, entendu plaider au civil, au commerce et au correctionnel, devant un juge unique qui cumule toutes ces juridictions, on finit par s'ennuyer, on flâne en tout sens, le long des rues en pente ou en escaliers ; les maisons sont très hautes, avec des balcons à vérandas ou moucharabies ; à chaque carrefour, des pans coupés et sur leur face de grandes statues de saints et de saintes, d'un style prétentieux.

La Valette a l'allure d'un immense couvent ; les hommes de noir habillés avec le chapeau de haute forme, l'habit tirant sur l'ancien habit à la française, ont un air de vieux notaires ou d'abbés du dix-huitième siècle; les femmes ont toutes le même costume, recouvert d'un mantelet ou capeline noire qui se pose de biais : on les prendrait aussi pour des religieuses ; peu de bien belles.

Ici les églises sont nombreuses ; partout on fête le mois de Marie, les autels sont illuminés et garnis de fleurs, on chante des cantiques. Je passe une après-midi à faire aussi mon mois de Marie ; pour cela, je n'ai qu'à suivre une jolie maltaise, qui, de quatre à sept heures, fait ses dévotions dans au moins quinze églises.

Arrive enfin le troisième jour, le départ est fixé à sept heures du soir. Un quart d'heure avant, nous sommes à bord du bateau qui ne démarre qu'à huit heures. Nous assistons à tout ce mouvement intéressant d'un embarquement de passagers, aux adieux des parents qui sont venus les accompagner : dès leur départ, le bateau s'éloigne, les mouchoirs agités par les amis restés au port se confondent avec l'horizon et nous voguons vers Syracuse. Syracuse! ce nom résonne comme une musique ou le titre d'un poème.

Nous sommes sur un navire italien, commandé par un capitaine distingué qui fait avec un tact parfait les honneurs du dîner, arrosé des grands vins de Sicile ; après le café, les conversations s'animent. Tout en restant courtois, je donne sans restriction mon opinion sur l'attitude du gouvernement italien envers notre pays ; froissé de ce qu'il entend, le capitaine bat en retraite en protestant mollement ; un moment après, nous nous réconcilions et convenons de nous retrouver à Naples.

Le lendemain matin, on nous appelle pour débarquer. A moitié éveillé, je monte sur le pont, il ne fait plus nuit, mais pas encore jour. La brume plane sur l'eau, et dans l'aube qui pointe, je me demande si je rêve en apercevant, au-dessus des vapeurs du brouillard, le sommet de nombreux blancs minarets, des campaniles, des clochetons aigus. Notre bateau s'est-il trompé de route, devant quelle grande ville orientale sommes-nous ? Est-ce Corfou ou Salonique ? L'illusion s'évanouit avec le brouillard et nous montre toute la flotte italienne à l'ancre dans la baie de Syracuse.

Nous entrons dans la ville ; la première enseigne qui frappe le regard est l'*Albergo d'Archimède*. Nous sommes un peu déçus de trouver des rues désertes, des maisons très ordinaires ayant pourtant de beaux balcons renflés, tous du même style. Syracuse, qui a eu un million d'habitants, est aujourd'hui une modeste préfecture. Nous y avons découvert un café et pas un seul libraire ! mais tous les dix pas un *salone* ou boutique de perruquier.

Une très belle promenade plantée d'arbres domine le port ; nous distinguons alors en détail cette flotte aux mâts et aux cylindres des cheminées peints en blanc dont les Italiens sont si fiers ; voilà leurs grands cuirassés entourés de vastes filets pour les protéger des torpilles, d'autres nombreux navires de guerre, croiseurs, torpilleurs, etc. Il ne nous est pas permis de visiter un cuirassé, mais seulement un mauvais torpilleur moins intéressant que celui que les Anglais nous ont montré à Malte.

On resterait volontiers sur cette belle promenade ayant vue sur l'Etna, où se trouve la fameuse fontaine d'Aréthuse peuplée de papyrus ; la mythologie raconte que la nymphe de Diane, poursuivie par un chasseur, implora la déesse qui la métamorphosa en fontaine et Alphée en fleuve.

La cathédrale, construite sur les fondements d'un ancien temple, n'a de remarquable que les hautes colonnes doriques de deux mètres d'épaisseur, enchevêtrées avec les chapiteaux dans les murs de l'église, dont elles soutiennent la toiture : ces témoins de l'art grec rappellent la grandeur du temple antique un peu au détriment du temple catholique.

En face, se trouve le musée. Beaucoup de choses intéressantes; une vierge bysantine joufflue, en pierre, d'une naïveté gauche, arrête un instant le regard ; mais tout s'efface lorsqu'on arrive dans une pièce illuminée par la seule statue qui s'y trouve. Un bloc de marbre blanc représentant une femme, la tête manque. elle n'a qu'un bras ; rien n'est plus beau que ce fragment : il est animé, les formes sont exquises, l'attitude pleine de vie et on s'attarde longtemps devant la statue s'attendant presque à lui voir achever la fin du mouvement que son geste commence, et voir plier ce torse superbe où la vie est emprisonnée. C'est troublant de beauté et de vérité. Quelle expression devait avoir la tête décapitée? Admirable certainement. Cependant la pensée ne vient pas de lui prêter la majestée sereine, un peu hautaine. de la Vénus de Milo.

En sortant du musée, emportant dans notre tête cette superbe Vénus qui n'en a point, nous prenons un canot et passant à travers la flotte, nous nous offrons à la sortie du port, en guise d'apéritif, un toujours délicieux bain. A déjeuner, nous apprécions les fameux vins de Syracuse que j'aurais tous donnés pour une bouteille de vin de Saint-Marcellin. Puis en voiture nous sortons de la ville, coudoyant à chaque pas des vestiges antiques; nous visitons la Latomie du Paradis, celle où se trouve l'oreille de Denys, anciennes carrières aux excavations profondes, aux parois à pic se rejoignant au sommet, ayant servi de geôle fangeuse aux prisonniers de guerre, transformées depuis longtemps en magnifiques jardins.

Un peu plus loin, sur le versant opposé de la même colline, jouissant d'une belle vue sur la mer, sur la ville, sur l'Etna lointain, nous prenons place sur les gradins taillés dans le roc d'un des plus grands théâtres du monde grec ; il a 150 mètres de diamètre, il date du ve siècle avant Jésus-Christ.

Il est cinq heures, je propose à mes compagnons d'aller coucher à Catane. Comme leurs jours de voyage ne sont pas comptés, qu'ils ont l'intention d'aller *pianissimo* et mon programme comportant *presto*, nous nous séparons avec promesse de nous revoir en France. Afin de stimuler le cocher qui me ramène, je le préviens qu'il n'aura pas de *buona mano* si je n'arrive à temps à la gare pour prendre le train. Nous n'avons qu'une demi-heure et il faut passer à l'Osteria.

Arrivé la nuit à Catane, je dine rapidement et je vais faire un tour en ville. A un carrefour, j'entre dans un café où on entend de la musique ; un artiste siffle des airs, un autre l'accompagne avec une mandoline. Vous savez que je suis réfractaire à la musique, n'ayant jamais pu m'identifier ses savantes beautés, ni partager les admirations des dilettanti ; c'est peut-être grâce à cette ignorance musicale que j'ai éprouvé dans cette soirée un plaisir sans mélange. Oui, ce simple siffleur faisait sortir de ses lèvres des sons plus purs que de la flûte la plus suave, modulant des airs pénétrants, tantôt mélancoliques, d'une douceur infinie, tantôt bruyants comme une fanfare délirante. Enthousiasmé et voulant le témoigner autrement que par mes bravos, voyant que les musiciens ne font pas de quête, je demande au patron du café si je peux offrir des rafraîchissements aux artistes amateurs. Pour réponse, il prend un paquet de cigares, en offre à tout le monde, nous étions sept à huit en tout, il me remet le surplus, que j'envoie aux musiciens qui s'inclinent en signe de remerciement. Puis le concert reprend et se continue jusqu'à une heure du matin ; tous les opéras, tous les airs connus et inconnus y ont passé. Deviendrai-je musicien ?

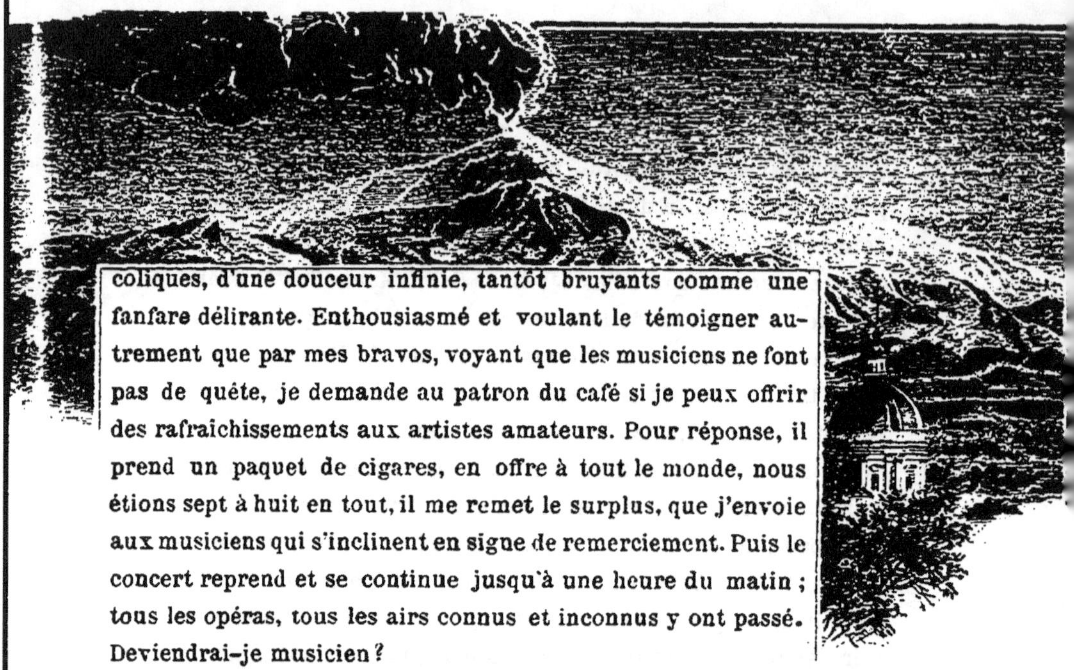

Catane, quatre-vingt-cinq mille habitants, est la seconde ville de la Sicile ; secouée par des tremblements de terre, inondée par les torrents de lave descendus de l'Etna, ses monuments anciens sont tous ensevelis et on se rebute vite à visiter les souterrains.

Si n'étaient les maisons bâties sur la lave qui sert de mur à quelques-unes jusqu'au premier étage, rien de caractéristique ne distingue cette ville d'une autre. Quelques belles rues, de hautes constructions, de beaux magasins, une ville animée par une population vêtue comme dans une ville française, avec une affectation de recherche en plus. Sauf la lave, absence de couleur locale.

Arrivé au sommet d'une longue rue, je me dirige vers un ancien et intéressant couvent bénédictin, par un boulevard extérieur, presque désert, bordé de maisons basses entourées de jardinets.

Ces jardins ne sont que des monticules de lave plus ou moins pulvérisée, fournissant une belle végétation. Je marche avec indifférence lorsque je m'arrête soudain, surpris, charmé, devant une apparition..... Imaginez le pendant du tableau qui motiva notre admiration dans une course en barque sur le lac de Lugano, une vision que nous avons souvent évoquée depuis : Sur le seuil d'un jardin, accoudée à une fontaine, ombragée d'un figuier ou d'un palmier, une jeune fille ou jeune femme d'une beauté idéale... Comme un nimbe, autour de sa tête resplendissante, un fin voile brodé accroché à sa chevelure descend sur son vêtement, qui la drape comme une statue antique et laisse deviner, en les dessinant, des formes merveilleuses. Jamais encore je n'ai vu type plus beau. Sans en avoir conscience, je reste en arrêt devant elle, muet, interdit dans une contemplation religieuse. Vous auriez fait de même si vous aviez pu admirer la régularité et l'impeccable correction de ce charmant visage, animé par des yeux d'une profondeur insondable et d'une pureté indescriptible. Enfin, un ensemble parfait, une attitude réservée, sans gêne, absence complète de coquetterie et où se confondent la splendeur grecque et la grâce attendrie des vierges de Raphaël et d'André del Sarto.

Elle me regarde, interdite à son tour de ma muette mais visible émotion... J'ai l'idée, en ouvrant mon Baedeker, de lui demander le chemin du couvent de San-Benedetto. Elle abaisse son regard sur le livre, ce qui me permet de contempler à l'aise cette adorable tête, celle qui manque à la Vénus de Syracuse : sa chair est un marbre incorruptible, au ton laiteux, légèrement, très légèrement ambré ; sous le chaud épiderme on voit poindre une fugitive nuance rose imperceptible, et comme pour compléter la ressemblance avec les beaux marbres des belles statues antiques, un défaut ou plutôt un charme de plus, à une joue et du côté opposé au menton, une intaille, une incise, légers fragments enlevés sans doute involontairement par le ciseau du sculpteur, troublé devant son chef-d'œuvre.

Sa mère et une voisine surviennent, je renouvelle mon interrogation, je prolonge un entretien dans lequel personne ne se comprend... je pars enfin, emportant, gravée en moi, l'image de la déesse que je viens de quitter à regret. A San-Benedetto, je ne me rappelle que vaguement ce que j'ai vu : bâtiments effondrés, grande bibliothèque, vignes le long des murs.

L'après-midi, le temps se couvre, la pluie commence; dans la rue, je suis accosté par deux messieurs qui me demandent si je ne suis pas l'alpiniste français qui s'est présenté dans la matinée au siège du Club Alpin de Catane, occupant un local en commun avec la Société d'agriculture. Sur ma réponse affirmative, ils me disent qu'ils sont depuis deux heures à ma recherche dans la ville, pour se mettre à ma disposition et m'inviter à une course projetée pour le lendemain à San-Nicoloso, sur les flancs de l'Etna. La proposition est bien tentante, mais la pluie devenant plus drue, paraissant devoir durer et contrarier l'excursion, me fait décliner cette invitation courtoise et coupe court aussi aux velléités que je caressais de faire l'ascension de l'Etna.

Je prends le train pour Taormine; dans mon compartiment, deux voyageurs : l'un, vingt-cinq ans, superbement vêtu, pommadé, frisé, cravate voyante, gants frais, descend à la première station. Je fais à haute voix la réflexion que ce monsieur va sans doute à une noce ou à un baptême; l'autre voyageur me répond que c'est un employé à quatre-vingts francs par mois, que c'est sa toilette habituelle. Ici, me dit-il, c'est l'usage de se priver du nécessaire, pour se mettre tout sur le dos, comme d'aller se planter droit devant une glace quand on entre dans un café ou une maison.

— Vous me paraissez faire exception?

— Oh! moi, je suis de Lyon.

— Que faites-vous ici?

— Je plaide pour obtenir un simple exequatur d'un jugement rendu en France contre un Français mon débiteur; voilà huit mois que je me démène, mais dans ce pays de juristes par excellence, on soulève exception sur exception, et, malgré mes deux avocats, — c'est l'usage d'en prendre deux. —

je n'ai encore pu faire juger mon affaire, qui est enfin fixée à la semaine prochaine; et comme je trouve la campagne plus agréable que la ville, je passe les loisirs que me laisse mon procès dans la banlieue de la charmante petite ville d'Aci-Reale.

Entre compatriotes, à l'étranger, la connaissance devient vite intime, d'autant plus que nous avons des amis communs; nous convenons que demain, à mon retour, je m'arrêterai à déjeuner à Aci-Reale.

Le train me descend à neuf heures du soir à Giardini; à la sortie de la gare, un voiturier me demande *cinque lire* pour aller à Taormine; un pisteur offre de me conduire pour vingt sous; je prends ce dernier, qui, à travers un raccourci, me fait passer par un sentier abrupt; la nuit est noire, la mer mugit au pied de la haute falaise que nous côtoyons, le lieu n'est pas rassurant... j'ai pris la précaution de tenir mon couteau ouvert dans la main pour le cas où mon guide serait mal intentionné; enfin, au bout d'une heure, nous atteignons le plateau et l'hôtel de Bellevue; le patron partant pour le théâtre, j'accepte son offre de m'y conduire. Comme je suis en nage, deux verres de vin me sèchent et me réconfortent et un moment après, je suis installé au théâtre. Ancien réfectoire d'un vaste couvent, tout le monde est au parterre, il n'y a pas de loges, les hommes d'un côté, les femmes de l'autre; on joue et joue très bien les *Deux Orphelines* de Dennery. A l'entr'acte, l'hôtelier me présente aux notabilités, à l'adjoint du syndic, le syndic est parti la veille pour l'Exposition, à un eminentissimo professore de l'academia de Catania; bref, au bout d'un quart d'heure, il me semble que je suis un natif. A l'entr'acte suivant, je connais l'histoire de plusieurs des jolies femmes qui sont près nous, dont l'une aux yeux qui étincellent, plaide en divorce.

Il est une heure du matin, il reste encore un acte à jouer,

je m'éclipse et coupant des cours et un champ je retrouve l'hôtel.

Le lendemain à cinq heures, je visite la petite ville et la brume pluvieuse s'étant dissipée, je cours au théâtre grec.

Ce théâtre est placé au sommet du cap élevé de Taormine ; restauré par les Romains, il est bien conservé, on pourrait y donner des représentations ; de ce promontoire magique, le spectateur jouit de tous côtés de l'une des plus belles vues de la Méditerranée et du monde entier ; à ses pieds, la scène de l'immense théâtre ; devant soi, à perte de vue, un horizon de cent kilomètres, la mer et les découpures de ses anses, criques, baies, de cette mer, chantée par Homère, semée d'îlots, qui a pour rivage opposé la côte calabraise, visible par le beau temps. De la mer s'élèvent des gradins immenses, des collines, des montagnes ravinées, composées de lave, cendre noire, bronzée, rouge, couvertes de vignes, d'orangers, de citronniers, de néfliers du Japon, de palmiers et jusqu'à la limite des terrains cultivables ou boisés, des villes, des villages sans nombre, des châteaux perchés sur des aiguilles de rocher, plaquent leurs taches lumineuses, et plus haut encore, dans l'azur, l'Etna couvert de neige...

C'est merveilleux, enchanteur, et on admire autant ce grandiose tableau que les Grecs, ces décorateurs au goût si sûr, qui savaient si bien en jouir et le rehausser encore par leur génie.

On ne quitterait pas ce lieu sacré ; cependant, en tournant la tête, je vois de loin la fumée du train venant de Messine, j'ai juste le temps de dévaler en hâte la montagne ; j'arrive à onze heures à Aci-Reale où m'attend l'aimable plaideur lyonnais. Nous parcourons cette jolie ville qui a plus de quatre-vingts églises ; c'est dimanche, les gens sortent des offices ; d'un magnifique jardin public, la vue est admirable : on aperçoit la silhouette, se détachant sur le promontoire, du théâtre grec que j'ai quitté il y a une heure. En mer, l'île des Cyclopes. Nous déjeunons dans un hôtel pouvant recevoir trois cents personnes, ayant coûté des millions, et qui n'héberge pas trois cents voyageurs par an. Il paraît que les millionnaires sont nombreux dans cette région, m'assure mon amphytrion, en ajoutant que leur intelligence n'est pas à la hauteur de leur fortune.

Par le train suivant, repassant par Catane, je me dirige sur Palerme, coupant en biseau toute la Sicile. A Catane, un voyageur fort distingué monte dans mon compartiment ; à l'une des premières stations, des paysans bien mis s'approchent de la portière et lui baisent les mains en guise de salut; ce sont ses tenanciers. Nous engageons la conversation, je recueille des notions très intéressantes sur le pays, entr'autres, que beaucoup de propriétaires qui avaient arraché leurs orangers pour planter de la vigne, dont les produits étaient plus rémunérateurs, sont aujourd'hui déçus, ne trouvant plus à exporter leurs vins en France à raison des droits élevés de douane. Je ne lui cache pas le sentiment... d'étonnement éprouvé en France par l'attitude de l'Italie à notre égard, ni mon opinion particulière sur le matamore Crispi. Sans le défendre, il me répond que, malgré l'intensité de la crise, le pays a confiance en Crispi.

Je traverse ainsi, dans l'après-midi, une grande partie de la Sicile : le pays est montueux, peu boisé, couvert de vignes et d'immenses champs de blé ; de temps à autre, un village ou une petite ville, tantôt en plaine, tantôt sur les hauteurs. A neuf heures et demie, on arrive à Palerme et voulant profiter du restant de la soirée, je fais un tour en ville; sur la première place, une construction en forme de rotonde, décorée, illuminée, ayant pour enseigne *Circolo artistico* m'engage à y pénétrer. Croyant entrer dans un cirque, je me trouve au milieu d'une exposition de peinture et sculpture, éclairée à l'électricité. Deux tableaux, trois aquarelles et une statue m'ont fait plaisir, le reste m'a paru plus que médiocre ; certains tableaux ont des couleurs qui hurlent. A Paris. les incohérents les auraient refusés.

Plus intéressants que les objets exposés sont les visiteurs ; j'ai vu quelques jolies femmes, aux toilettes élégantes, distinguées, rien de tapageur ; côté des hommes un goût moins sûr, habillés à la dernière mode de Palerme, cols cassés, cravates voyantes, fleurs à la boutonnière, tous, même au naturel, ont un certain air poseur.

Le lendemain, de bon matin, en voiture, je cours la grande ville qui est divisée en quatre parties par deux longues rues qui se croisent. La Cathédrale, autrefois une mosquée, est remarquable ; le portail et les deux hautes tours qui le précède ont quelque chose d'étrange ; plusieurs églises, celle de *La Martorana* et de Saint-Dominique, pouvant contenir douze mille personnes, et d'autres monuments sont aussi à visiter, ainsi qu'un magnifique jardin public, appelé *la Flora*, touchant d'un côté à la mer. Il est divisé en secteurs avec des allées circulaires qui facilitent le passage d'un quartier à un autre. Partout des statues, des décorations architecturales, des merveilles de plantes et de fleurs.

LE CAMPANILE DE LA MARTORANA

J'ai retardé, afin d'augmenter l'acuité de l'émotion soupçonnée, de courir vers le palais royal où se trouve la chapelle Palatine, qui passe pour une des plus belles chapelles du monde. Je gravis les marches de ce palais, bâti par les Normands sur l'ancienne forteresse arabe ; on traverse une cour entourée d'arcades, on monte un escalier monumental, on suit une galerie à colonnes, avec des mosaïques modernes et on entre dans la chapelle Palatine.

Avant de rien analyser, je me sens envahi par une impression singulière : la notion du moment actuel disparait, je revis dans des temps antérieurs où j'ai certainement vu ces personnages un peu plus grands que nature, portant sur leurs visages d'une intelligence restreinte, et dans leurs gestes puissants, la violence de leur foi aux miracles.

Ce sont les souvenirs de ma première enfance passée à la campagne, au sein d'un pittoresque pays, qui remontent en foule ; à cette époque, l'histoire de l'univers tenait toute pour moi dans l'ancien et le nouveau Testament ; j'en connaissais les personnages ; comme eux je croyais aux miracles qui se produisaient dans des paysages merveilleux, surnaturels, pleins de voix d'en haut, descendant de ce ciel à fond d'or que j'ai devant les yeux.

Nous avons vu ensemble Saint-Marc à Venise ; l'intérieur, couvert aussi de mosaïques, nous a étonnés, éblouis, sans nous émouvoir. Aussi je ne m'explique pas l'émotion éprouvée dans cette chapelle qui n'a que trente-trois mètres de long et treize de large. Elle a trois nefs divisées par des ogives arabes, supportées par des colonnes de granit et de marbre, de différentes couleurs ; une coupole élevée distribue mystérieusement la lumière sur toutes les parois en mosaïques de l'édifice.

Ce chef-d'œuvre du moyen-âge a été construit en 1132.

Au sommet du palais royal existe un observatoire, j'en fais l'ascension : de la terrasse, on plane sur la ville et les environs, appelés la Conque d'or ; le panorama est très beau : on distingue la Cuba, Monreale, San-Martino, la Zisa, que je n'aurai pas le temps de visiter et le rocher nu, désolé, du mont Pelegrino.

Non loin du palais royal, se trouve celui du duc d'Aumale avec de grands et beaux jardins ; continuant à descendre la pente, j'entre dans l'église Saint-Jean des Ermites, l'une des plus anciennes églises normandes, en forme de croix égyptienne, avec cinq coupoles ; à côté, se trouve un rêve de petit cloître, presque abandonné ; comme on vivrait bien dans ce jardin encadré par de fluettes et artistiques colonnettes, au milieu des fleurs, des fruits et de la vigne grimpante courant le long des arcades, au bruit d'une fontaine rafraîchissante ; d'ailleurs, le moine que j'y ai vu me paraît être en paradis.

Admiré la Bibliothèque quatre fois plus grande que celle de Grenoble, ayant les mêmes dispositions.

Tout cela m'a pris la journée ; j'ai déjeuné en mangeant dans les rues des nèfles japonaises, que je pèle avec un incisif couteau qui m'a coûté vingt-sept sous ; il est sérieux, solide, léger, pointu comme une épée, j'en suis content.

Vers le soir, en tramways, je vais dans les faubourgs où se rencontre mieux la saveur locale que dans les beaux quartiers des villes. Un marin me propose une promenade en mer, jugez si je saute avec empressement dans son canot ; cinq minutes après, je le suis à la nage.

De retour en ville, je dîne dans un restaurant, cuisine hétéroclite ; je demande du Chianti, on me sert un vin de liqueur, brûlant le palais. Je termine ma soirée cette fois dans un vrai cirque, grand et luxueux ; j'y salue mon gentilhomme sicilien de la veille qui est en tenue de gala.

Le lendemain, de bonne heure, je retourne à *la Flora* que je trouve plus belle encore que la veille ; je cours les rues sillonnées de voitures semblables de forme aux boghets de Provence, toutes peintes en couleurs crues, avec paysages et personnages représentant, emphatiques, des scènes historiques, faisant sourire. Enfin, arrive l'heure que j'attends de l'ouverture du musée.

Jusqu'à présent, depuis mon départ, je n'ai eu à parler d'une façon telle quelle que des choses extérieures, matérielles, attirant forcément l'attention ou la curiosité du plus endurci des philistins. Mais à partir de Palerme, première étape des grands musées d'Italie, tabernacles de l'âme antique, du christianisme naissant et triomphant et des deux renaissances italiennes, je sens mon assurance faiblir, ma pensée incohérente se disperser sans méthode et ma langue balbutier, car je doute, prêt même à les nier entièrement, de mes connaissances esthétiques; ce qui me rassure, c'est que vos connaissances ne dépassent pas trop le niveau des miennes. Si encore vous étiez là, pour rectifier les hérésies de mes appréciations artistiques que je n'hésite pas à vous confier!

Le musée de Palerme est très riche; je passe rapidement devant les peintres siciliens des quatorzième et quinzième siècles, dont le plus célèbre est Ant. Crescenzio, les vases, les terres cuites, les médailles, les petits bronzes antiques; dans la salle arabe, un vase colossal, de style oriental, étrange, admirablement ornementé, donne une haute idée de la civilisation arabe; il fait comprendre que l'auteur de ce superbe vase pouvait être l'architecte de l'Alhambra; puis un saisissement devant un morceau de bronze antique de modeste dimension : voilà enfin le grand art, c'est le « *Bélier de Syracuse* »; j'ai beau fouiller mes souvenirs, rien de semblable ou d'approchant à l'allure, à la puissance, à la force formidable de ce bélier, qu'on sent capable de lutter avec avantage contre un taureau.

J'ai réservé pour la bonne bouche les salles de statues, bas-reliefs et mosaïques, provenant des temples grecs qui couvraient la Sicile et qui s'appelaient Sélinonte, Agrigente, Ségeste, *Solunte*, etc. Vous auriez partagé mon recueillement devant les « métopes de Sélinonte », septième siècle avant Jésus-Christ. Ce sont de vrais tableaux, représentant des combats de cavaliers, d'amazones et des scènes de famille; c'est l'aurore de l'art grec, dans laquelle déjà se révèle la force et la grâce qui atteindront plus tard leur expression divine.

J'ai passé là des heures enchantées; il faudrait des pages entières pour décrire ces objets vénérés; j'y renonce d'autant mieux que le gardien du musée me prévient qu'on va fermer.

Je n'avais plus qu'à attendre l'heure de départ du bateau. A sept heures j'étais à bord, à huit heures le vapeur s'éloigne. Accoudé au bastingage, je vois fuir, dans une brume diaphane, dorée, Palerme et ses monuments et malgré les appels du maître d'hôtel pour se rendre à table, je ne peux détacher mon regard de cette attirante Sicile, autrement belle autrefois qu'aujourd'hui, encore superbe; elle finit par disparaître à l'horizon vaporeux.

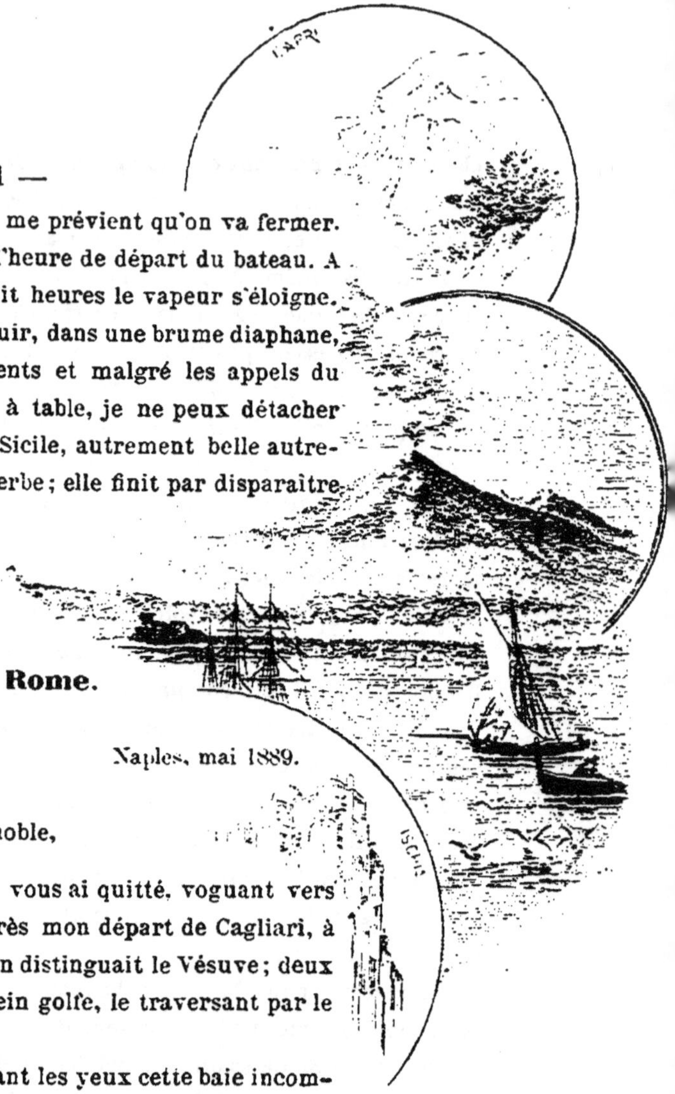

V

Naples — Rome.

Naples, mai 1889.

A Monsieur E. C., Grenoble,

Dans ma précédente lettre je vous ai quitté, voguant vers Naples. Vingt-quatre heures après mon départ de Cagliari, à quatre heures de l'après-midi, on distinguait le Vésuve; deux heures après, nous étions en plein golfe, le traversant par le milieu.

Monté sur la dunette, j'ai devant les yeux cette baie incomparable et sous mon regard, sur une table, la grande et excellente carte du navire, gravée en relief, qui me dispense de demander au capitaine à côté de moi les noms si souvent entendus des lieux célèbres, îles et caps, que nous frôlons en passant ou que la vue embrasse : à gauche, Ischia, Procida, Misène, Baïes, Pouzzole, le Pausilippe; en face, tout Naples en amphithéâtre et le Vésuve, avec son panache de fumée; à droite Portici, Resina, Torro del Grecco, Pompeï. Castellamarre, Capri et Sorrente, au doux nom.

Le soleil descend à l'horizon, le temps est merveilleux, des voiles sans nombre glissent en tout sens, impossible de rêver une plus magnifique entrée à Naples. Ces dernières heures ont été trop rapides.

Naples est la plus grande ville de l'Italie, elle est vivante, animée, bruyante, sillonnée de tramways, de voitures de toutes sortes, depuis les plus luxueux équipages jusqu'au primitif carricello attelé d'un maigre cheval, harnaché de pompons avec collier en cuivre reluisant, dessinant une cathédrale gothique ou un clocher aigu, et partout la vie en plein air; il est même difficile de circuler dans certaines rues tant elles sont encombrées jusqu'au milieu par des ateliers de menuisiers, serruriers et autres corps d'état qui débordent de leur intérieur, où brille, au fond, une lampe devant une « Madone ou un *San Gennaro* ». Des rangées de fourneaux fabriquent une cuisine *odorante* dans laquelle domine le macaroni aux tomates; il est amusant de voir manger le macaroni : servi dans une grande assiette, le lazarone dédaignant fourchette et cuiller, plonge ses doigts dans la sauce et d'un preste tour de main, élève le flot de rubans à la hauteur de ses yeux, pour contempler le mets délectable qu'il enfourne dans la bouche. Puis ce sont des marchands de poissons, d'oursins, de coquillages, d'oranges, de légumes et de fruits; des pâtissiers, des glaciers, des gelati, des marchands de limonades, des marchands *d'acqua fresca ;* les uns à poste fixe, d'autres avec des petites voitures ambulantes, mais tous avec force gestes, appels et cris sonores, au milieu d'une foule pressée où pullulent une quantité de petits mendiants demi-nus. Çà et là des personnages à l'allure obséquieuse, qui vous importunent par l'offre de vous montrer, dans une maison voisine, un objet d'art précieux, de grande valeur, que le détenteur gêné cèderait à bas prix; ce sont des fumistes; ils ont même un autre nom en Italie.

Tout ce mouvement, ce vacarme, donnent d'abord l'idée d'une immense kermesse populaire; il finit par lasser tellement, qu'il est nécessaire parfois de se réfugier dans une église. En sortant, on continue à marcher se fiant au hasard, qui vous mène dans la magnifique rue de Tolède ou sur la splendide promenade de la Plage, où les élégantes napolitaines viennent, en équipages armoriés, entendre la musique militaire. Les cafés vous servent des glaces vraiment exquises et le soir je vais entendre, toujours en prenant des sorbets dans les entr'actes, « *Ameletto à San Carlo* » avec des ballets supérieurs à ceux de l'*Eden*, ou assister, au théâtre souterrain de la *Fenice*, à la joie bruyante des napolitains, aux lazzis des personnages de la comédie italienne, exprimés dans une langue qui ferait sourire le Dante.

Une de mes joies, c'est l'incomparable promenade du Pausilippe, permettant de voir tout le temps le panorama de Naples et de sa baie. En la quittant, on veut recommencer ce que j'ai fait plus d'une fois, m'arrêtant au retour à un pittoresque établissement de bains où je me livre presque seul à mon délassement favori, trouvant un vrai plaisir à contempler le ciel napolitain, mollement renversé sur le dos, bercé au gré de la vague.

Une *trattoria* en terrasse sur la mer touche l'établissement; elle est fréquentée par des pêcheurs et leur famille, y étalant une exubérante gaité. Aux sons d'une musique primitive et en les voyant danser, je prends un modeste repas que j'obtiens, en demandant une *frittura mista* et du *vino nostrale*.

Une bonne soirée, c'est une promenade sur mer en barque : par un ciel étoilé, une mer douce et calme : on voit la ville illuminée, le Vésuve flambe, ses flammes rouges se reflètent sur l'eau; au retour, on aborde à *Santa Luccia*, rendez-vous de toutes les classes, on y boit, mange, chante et danse au bruit des orchestres. Ce spectacle mouvementé se pro-

longe très tard; vous saurez qu'à Naples les rues sont encore pleines de monde après une heure du matin.

J'allais oublier de vous dire que j'ai passé une excellente, une intéressante journée avec le commandant du bateau qui m'a débarqué à Syracuse. Il est rare, dans une courte traversée, que des relations se créent entre le capitaine et un passager; un incident nous mit en présence, le léger conflit se transforma en sympathie réciproque. Il m'a donné, pendant un jour trop vite passé, le plaisir d'avoir pour compagnon un homme des plus aimables et des plus instruits qu'on puisse imaginer.

Jusqu'à présent, je ne vous ai entretenu que de Naples extérieur et pas un mot de ses monuments, de ses arts, de ses musées; si vous saviez ici comme on se sent enveloppé, imprégné par ce climat amollissant, par ces points de vue qu'on ne se lasse pas d'admirer et qui dépassent toutes les œuvres d'art, vous comprendriez ce farniente contagieux, qui, pour être satisfait, n'a besoin que de plein air.

J'ai pu cependant vaincre cette indolence ambiante. Les monuments sont clairsemés, j'en ai peu visité; j'ai passé deux jours au musée. Il faudrait, pour l'apprécier convenablement, le visiter un jour par semaine pendant un an; je n'ai pu prendre que des impressions qui, pour être hâtives, spontanées, resteront cependant dans mon souvenir. J'ai parcouru au pas de course les galeries de tableaux qui ont des spécimens des écoles italiennes et étrangères; j'ai donné des heures au Musée pompéien, qui contient de belles choses intéressantes et toute une révélation de la vie romaine en l'an 79, et consacré le plus de mon temps dans les salles des œuvres d'art des diverses époques de la Grèce. Plusieurs sont originales, d'autres sont des copies faites par les Romains ou les Grecs de la décadence; puis des statues romaines en grand nombre, marbre et bronze. Ce qui m'a absolument séduit, ce sont les œuvres grecques ; ici un groupe colossal, le *Toro Farnèse*, animal et personnages un peu plus grands que nature, représentant le supplice de Dircé ; plus loin, l'admirable *Vénus Callipyge*, l'*Hercule Farnèse*, des statues de dieux, de déesses, des bas-reliefs, un entre autres, qui porte l'émotion à son paroxysme : *Orphée et Eurydice*. C'est simple, grand, incomparable, avec absence complète de déclamation ; on y admire au contraire un ensemble de majesté et de grâce, et l'impassibilité émue des personnages sans révolte contre l'inéluctable destin.

Puis encore des dieux, des déesses, des bustes, des fragments d'architecture, des mosaïques, des vases, des bronzes, enfin tout ce charmant paganisme dont se respire ici le parfum et qui vous transporte par la pensée au Parthénon, à l'Acropole. Et les merveilles des salles des médailles et des pierres gravées.

Pour aller à Pompéï, on traverse Portici, Resina, sous lesquels Herculanum est enterré, Torro del Grecco et Torri dell'Annunziata. Les habitations de toutes ces localités, très peuplées, se joignent tout le long de la route ; pendu comme le linge lessivé sur des cordes ou des bâtons, le macaroni sèche sans souci de la poussière qui le saupoudre.

Je ne vous décrirai pas Pompeï qui est maintenant connu de tous. Il y a peu d'années, ce n'était qu'un champ couvert de récoltes, aujourd'hui, le visiteur parcourt ses rues, ses places, entre dans les maisons qui ont un nom. J'ai été enchanté de mon excursion et vécu toute une journée de la vie d'un habitant de la ville, avant son ensevelissement. Sortant de sa maison après déjeuner, je l'ai suivi au Forum, dont il a fait plusieurs fois le tour, s'entretenant avec ses concitoyens des affaires locales, sans oublier de critiquer les édiles ; j'ai entendu, comme lui, publier le dernier décret du

Sénat et les nouvelles victoires des légions de Germanie ; puis, en s'éloignant avec un ami, ils ont, tout bas, maudit le César Imperator : Tibère ou Néron ! Ensuite, confondu avec les nombreux clients qui escortent mon personnage, j'ai gravi, le suivant, l'escalier monumental de la Basilique, je crois même m'être associé à lui, lorsqu'il a rendu grâce aux dieux dont les statues décorent les portiques et le péristyle du Temple. Je n'ai pu savoir, par exemple, à quel prix en sesterces, il a vendu à un commerçant le vin de sa dernière récolte de sa vigne de Campanie, ni celui des dattes d'Afrique, qu'il a achetées d'un autre marchand : puis, dans une autre salle du Temple, je l'ai entendu plaider, trop longuement, un mauvais procès que le magistrat, sur le point de lui donner gain de cause, a renvoyé au lendemain. En sortant du Prétoire, le citoyen est allé droit aux Thermes se baigner, se faire masser et se livrer à des exercices gymnastiques ; frais et dispos, il avait la velléité d'aller à l'amphithéâtre, voir les jeux du cirque ; je l'en ai dissuadé, lui suggérant de rendre visite à ses amis des rues de Mercure, d'Isis, surtout à celui qui, dans la rue de la Fortune, habite la maison du *Faune*, dont le péristyle a vingt-huit colonnes. Je l'ai accompagné chez le *Faune*. On nous a gardés à dîner : le couvert était mis sur une table en marbre, supportée par des griffons, placée dans la cour ou atrium entouré de colonnades en marbre; les convives n'ont pas tardé à citer les poètes érotiques grecs et latins, ce qui semblait faire sourire une statuette antique, reposant sur quatre colonnes au-dessus du bassin central de l'atrium, représentant un *Faune dansant*, marquant la mesure avec les doigts.

Entre les colonnades, des statues ; aux parois de tous les murs, des fresques variées. Ecoutez ce que Taine dit :

« Ce ne sont que des décorations d'appartements presque « toujours sans perspective, une ou deux figures sur un fond

« sombre, parfois des animaux, de petits paysages, des morceaux d'architecture, très peu de couleur : les tons sont « indiqués à peu près ou plutôt amortis, effacés de parti « pris. Rien ne devait attirer l'œil dans ces appartements « un peu sombres ; ce qui lui plaisait, c'était une forme de « corps, une attitude ; cela entretenait l'esprit dans les « images poétiques et dans les scènes de la vie active et « corporelle. Celles-ci m'ont fait plus de plaisir que les plus « célèbres peintures, celles de la Renaissance par exemple. « Elles sont plus naturelles et plus vivantes. »

Le festin achevé, les convives passent au jardin, peuplé de statues, en traversant une vaste salle, décorée d'une incomparable mosaïque grecque. Cette œuvre, pleine du souffle du génie hellénique, représente la bataille d'Issus et Alexandre, victorieux des Perses. Je suis encore mon compagnon toute la journée jusqu'au seuil du théâtre situé près du Forum, pouvant contenir cinq mille spectateurs, mais je retourne seul à Naples.

Je suis allé à Sorrente. Parti le jour de l'Ascension à cinq heures du matin, je prends une voiture à Castellamarre. A peine hors du faubourg, je croise un char enguirlandé de fleurs et de verdures, attelé de cinq chevaux enrubannés, conduits au galop par un automédon éblouissant, manœuvrant son fouet avec une maëstria conquérante. Je comprends sa fierté victorieuse : son char, vrai reposoir de Fête-Dieu, contient plus de trente jeunes filles, aux attitudes charmantes ; quelques-unes, assises sur les bras de la voiture, d'autres, sur des supports ajoutés, toutes avec des costumes éclatants de claires couleurs, des fleurs au côté et dans les cheveux. Des gerbes de bouquets, une frondaison ondoyante dans l'air de foulards et d'écharpes, des éclats de rire, des dents

VUES DE SORRENTE

blanches, des visages roses, des yeux noirs, des chevelures brunes et blondes, des chants, des tambourins floquetés, des poses antiques, une joie irrésistible, tout un monde emporté au galop vertigineux des coursiers.

Cette vision me remémore les « Moissonneurs et les Vendangeurs » de Léopold Robert, qui, par comparaison au tourbillon de beauté, de couleur et de mouvement qui vient de passer, me font l'effet de représenter une cérémonie funèbre... mais il faut me garer de nouveau, pour faire place à une seconde voiture marchant aussi au galop : c'est un landau. Par quel prodige vingt personnes ont-elles pu s'entasser dans ce véhicule, sans compter des grappes d'enfants accrochés jusque sous l'essieu. A cette voiture, en succèdent d'autres et encore d'autres, et toujours des fleurs, des rires, des chants.

Cette procession, dans laquelle s'intercalent des piétons, jouant du rustique chalumeau, se continue presque jusqu'à Sorrente ; ce pèlerinage féerique va faire ses dévotions à une Madone miraculeuse, dont la chapelle est sur une montagne du voisinage.

Le chemin qui mène à Sorrente est ravissant de beauté, de points de vue et de poésie ; il côtoie, au pied de la montagne, en plaine ou en escaladant des promontoires, une mer irradiée de soleil dont le clapotement est une musique. Tout le long des villas en terrasses encadrées de fleurs, artistement suspendues sur des arêtes ; à l'entrée des villages, vrais décors d'opéra, des arcs de feuillage, des guirlandes, des reposoirs, une population endimanchée, célébrant la fête.

Il me faudrait trop de temps pour aller, en barque, visiter Capri qui est en face, et sa grotte *d'Azur*. Je reviens de la patrie du Tasse, par le même chemin. A Castellamarre, nouvelle procession avec des capucins en cagoules de diverses couleurs. A Naples, je tombe encore sur une procession qui se déroule majestueusement sur la place Médina, ornée, à tous

les étages des hautes maisons, de tapis et de fleurs et particularité que je n'ai vue que là, le Saint Sacrement est placé dans un minuscule carrosse, traîné par de petits chevaux. La procession et les curieux qui l'admirent, remplissent la place ; je suis parmi les derniers, droit sur une voiture découverte que j'ai prise à la gare, pour me rendre à l'hôtel de Genève, situé sur la place et que je ne pourrai atteindre qu'après le passage de la procession. A un certain moment, je m'aperçois que la sacoche que j'avais quittée de mon épaule et mise sur le coussin à côté de moi est absente. Je viens d'être volé de toute ma fortune actuelle ! Cela avait été facile, il n'y avait eu qu'à tendre la main. Instinctivement, je fouille du regard tout autour de moi ; à dix pas, une jeune tête, presque imberbe, dépassant les autres, regarde la procession avec un tel air dévot, impassible, qu'elle retient mon attention ; il me semble voir le bras opposé à mon côté, dans une pose gênante ; j'ai l'intuition instantanée que c'est mon voleur. A cette seconde, je fais un bond pour me précipiter sur lui, le gars a tourné les yeux de mon côté, et devinant ma résolution, se sauve à grandes enjambées. Je le poursuis, en criant une fois au *ladro* ; je m'abstiens une seconde fois de ce cri, par crainte d'être arrêté un instant moi-même, surtout avec mon costume un peu trop pittoresque; la fureur me donne mes jambes de vingt ans, mais le gaillard qui les possède encore file comme une flèche ; il côtoie la haie des curieux pour se dissimuler derrière la procession, j'aperçois toujours sa tête, il se dirige vers une rue transversale où il va m'échapper. Je n'en fais ni une ni deux, je coupe la procession et j'atteins la rue dans laquelle le voleur vient de s'engager ; je vois que je pourrai l'atteindre malgré les bonds qu'il fait, lorsqu'il m'échappe et disparait dans une autre rue... J'allais peut-être renoncer à cette lutte, quand mon pied heurte un objet qui me fait abaisser les yeux : c'est ma sacoche... je n'en demande pas davantage, et, me dégageant des curieux qui s'approchent, content, heureux, je reviens sur la place rejoindre ma voiture dont le cocher, inquiet, ne savait ce que j'étais devenu. J'assiste à la fin de la procession et à la bénédiction donnée au son de la musique et des tambours battant aux champs.

Je partirai demain pour Rome.

VI

Pise — Florence

Rome, mai-juin 1889.

A Monsieur E. C., à Grenoble.

J'ai quitté Naples à deux heures de l'après-midi. La voie ferrée traverse la plantureuse *Terre de labour*. Tout le long de la ligne, avant comme après Caserte et Capoue, les champs sont admirablement cultivés, partout les blés sont semés en lignes régulières ; cette méthode, presque ignorée en France, où on sème le blé à la volée, a pour résultats une augmentation de récolte et une économie de semence.

Le regard est également charmé par les vignes courant à plusieurs mètres de hauteur d'un arbre à l'autre ; l'effet est très décoratif, il me rappelle les vignes sous lesquelles nous avons passé à la *Tor di Luzerna*, lors de notre belle course dans la vallée du Pélice en Piémont.

On voit toujours avec plaisir un pays où l'agriculture est en honneur ; ici, elle est encouragée sérieusement et d'une façon pratique par la propagation d'instruments et de méthodes et par la création de nombreuses écoles œnologiques dont les sections ambulantes parcourent les régions vinicoles.

J'aperçois sur une montagne rapprochée, une grande cons-

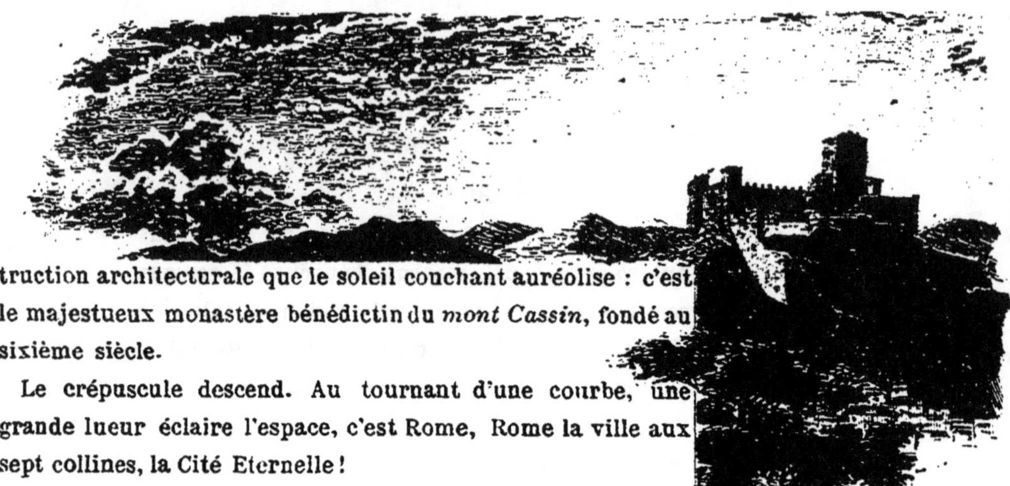

truction architecturale que le soleil couchant auréolise : c'est le majestueux monastère bénédictin du *mont Cassin*, fondé au sixième siècle.

Le crépuscule descend. Au tournant d'une courbe, une grande lueur éclaire l'espace, c'est Rome, Rome la ville aux sept collines, la Cité Eternelle!

J'y débarque un peu ému. Tandis que les voyageurs se précipitent dans l'intérieur de l'omnibus de l'hôtel, je grimpe sur l'impériale, façon commode et agréable de jouir de la vue.

A la *Minerve*, je m'entends de suite avec M. Sauve, l'obligeant propriétaire de l'hôtel, pour me procurer un guide intelligent, *selected*, qui, me faisant grâce des curiosités secondaires de Rome, m'en montrera les beautés principales, le dessus du panier. Et, fidèle à mon habitude d'utiliser le temps, je quitte l'hôtel à dix heures du soir, me dirigeant au hasard dans des rues désertes, mal éclairées ; au bout d'un moment, je suis enveloppé d'ombre par un immense mur circulaire. Malgré l'obscurité, son aspect est imposant : toi, tu ne peux être que le Panthéon! lui dis-je en l'interpellant. C'était lui. Arrivé devant son auguste façade, je le salue avec respect.

Ce n'est pas sans difficultés qu'à travers des rues et ruelles sombres j'atteins le *Corso* ; je pensais y trouver la vie, la circulation de Naples, rien. Quelques rares personnes attardées, les cafés fermés ou se fermant, c'est à se croire dans un chef-lieu de canton ; je parviens, non sans m'être égaré, à retrouver la *Minerve*.

Ma première visite le lendemain, à huit heures du matin, est pour le Panthéon : ce monument du premier siècle avant J.-C., a une forme circulaire se terminant en coupole, dont l'ouverture distribue la lumière à flots dans l'intérieur. Cet édifice, d'une beauté sévère, est un chef-d'œuvre d'architecture par la hardiesse de sa construction ; du pavé au sommet de la voûte, on compte quarante-cinq mètres, le diamètre est à peu près égal, la voûte commence à vingt-deux mètres au-dessus du sol. L'immense rotonde a pour entrée un imposant portique à colonnades ; on l'a dévalisé de ses ornements antiques, marbres, statues, tuiles en bronze doré. Elle contient les cendres d'artistes célèbres, dont les plus renommés sont Raphaël, Annibal Carrache et celles du premier souverain du royaume de l'Italie moderne (œuvre française !), précurseur et conséquence de l'unité allemande !

Eloignant ce souvenir de l'histoire récente, je remonte à l'ancienne, en accédant au *Capitole*.

Sur le milieu de la place, une colossale statue équestre en bronze, autrefois doré, de *Marc-Aurèle*.

Il est trop bonne heure pour visiter les palais et musées qui entourent la place ; je reviendrai... peut-être, si la mesure du temps dont je dispose le permet ; que de choses, d'ailleurs, il me faudra brûler sans les voir.

Du Capitole on découvre le Forum longtemps enseveli, ressuscité par des fouilles récentes. Une des rues qui y mène était autrefois la *Voie sacrée*.

L'indifférence serait presque un sacrilège devant cet illustre *Campo*, contenant écrite, en monuments visibles, l'histoire de Rome, de sa fondation à la chute de l'Empire d'Occident.

De ces ruines, quelques-unes sont très frustes, d'autres mieux conservées : sur le sol, ou émergeant dans le ciel, des portiques de temples écroulés, des colonnades, des colonnes isolées, que le guide désigne par leurs noms historiques ; retenu en passant : l'arc de *Septime Sévère ;* les *Rostres*, tribune aux harangues ; la colonne *Phocas*, haute de dix-sept mètres ; puis les grandes voûtes d'une basilique, des Thermes. Sur le *Palatin* en face le palais des Empereurs.

On sort du Forum en passant sous l'arc de *Titus* et on se trouve devant celui mieux conservé de *Constantin*.

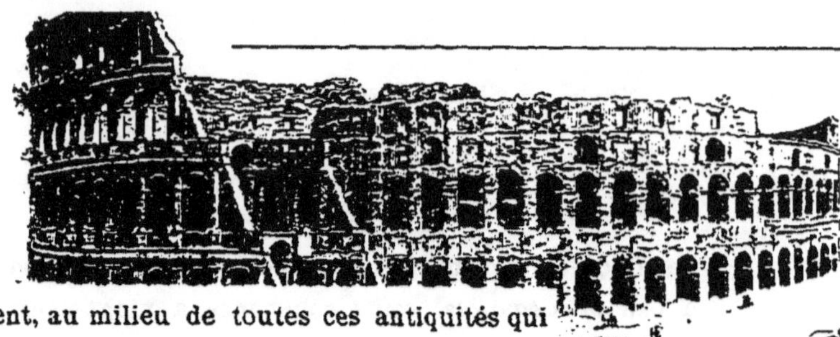

Depuis un moment, au milieu de toutes ces antiquités qui retiennent l'attention, un trouble me gêne, me distrait ; il provient d'une masse architecturale énorme, entrevue du Forum, qui écrase et rapetisse tout ce qui l'environne ; vous avez deviné que c'est le *Colysée*, dont les arènes d'Arles et de Nîmes ne donnent aucune idée. C'est la grandeur romaine à l'apogée de sa domination ; impossible de voir un monument plus majestueux, plus imposant. Nul théâtre au monde ne peut lui être comparé ; il pouvait contenir cent mille spectateurs. Il a été pillé, devenu la *carrière* des édifices du moyen-âge ; il a encore quatre étages en arcades avec des colonnes engagées dans les murs, de tous les ordres d'architecture.

Encore sous l'impression pénétrante de la vue du Colysée, je vais droit, en longeant l'*Arentin*, par la voie *Appienne*, aux *Thermes de Carracala*.

Ici, c'est une construction différente : au lieu d'arcades superposées, nous avons la voûte, la voûte dans les airs, à longue portée, prodigieuse, inquiétante de hardiesse : c'est l'art romain à son maximum de science ; il n'y a pas une voûte unique, c'est une série de salles aux dimensions et perspectives grandioses, communiquant par des arcatures, des transepts, semblant se balancer dans les airs. Je suis saisi d'admiration par ces ruines qui devaient resplendir à l'époque où le temple gigantesque possédait ses portiques, ses frontons, ses coupoles, ses colonnes, ses marbres, ses mosaïques, qu'il ruisselait d'ors, de bronzes, et qu'un peuple de statues animaient ses parois. N'oubliez pas que dans ces Thermes étaient placés les plus connus des chefs-d'œuvre de la Grèce ; on y voyait le groupe du *Taureau Farnèse*, la *Flore* et l'*Hercule Farnèse* que j'ai religieusement contemplé au musée de Naples.

En tout cas, c'est un monument unique qui, malheureusement, a été moins respecté que le *Panthéon* et le *Colysée* par les barbares idolâtres et chrétiens. Il me semble qu'il a dû servir de *canon*, d'enseignement et d'école, aux architectes qui ont élevé Sainte-Sophie et à ceux de Saint-Pierre.

A tous ces monuments pleins de grandeur, de virilité, de force indestructible, il manque pourtant quelque chose pour qu'ils atteignent la perfection ; un rien, et ce rien est un peu de grâce, la grâce attique ; mais pourquoi demander à Hercule ce que Vénus seule peut donner?

Saint-Paul-hors-les-murs est près du Tibre, loin de la ville; pour s'y rendre, on fait connaissance avec la campagne romaine, déserte, d'une mélancolie impressionnante, semée de fragments d'aqueducs, de colonnes, où paraît en faction le mausolée de *Cecilia Metella.*

La basilique de Saint-Paul a quatre-vingts colonnes en granit, la divisant en cinq nefs; elle ruisselle du pavé au faite de tous les marbres précieux connus; une interminable série de grands médaillons en mosaïques, des portraits de tous les papes, fait le tour des nefs.

Au retour, je m'enfonce un moment dans les *catacombes*, et, revenu en ville, je commence le pèlerinage des églises.

Saint-Jean-de-Latran, la mère et la première des églises, et son cloître intéressant. Sur la place, un obélisque en granit rouge, d'une hauteur double de celui de la place de la Concorde ; à côté, un édifice renferme le saint escalier à vingt-huit degrés qu'on ne monte qu'à genoux. Je m'en abstiens.

Après *Sainte-Marie-Majeure*, *Saint-Pierre-aux-liens* qui possède le fameux *Moïse* de Michel Ange, destiné au tombeau de Jules II, statue étrange, bien empreinte du sceau de l'auteur. Très curieuse, la longue histoire de ce tombeau qui pendant longtemps a troublé l'existence du grand artiste.

Il est midi passé, mon guide veut prendre congé pour me retrouver à la *Minerve*, l'après-midi. Sur ma proposition, il

me conduit dans une *osteria* de sa connaissance où nous avons fait un excellent déjeuner avec des mets et du vin du crû. Nous reprenons ensuite nos courses dans divers quartiers de la ville; entré dans quelques églises et palais, visité le Quirinal, la villa Médicis (académie de France) et, se touchant, le *Monte Pincio*, d'où l'on jouit d'une belle vue sur Rome : aux pieds, la place du Peuple, de l'autre côté du Tibre le colossal dôme de Saint-Pierre, le Vatican et le château Saint-Ange.

Contre mon habitude, je dine à l'hôtel, à table d'hôte; là je vous regrette sincèrement, non pour partager le banal menu qui est le même dans toutes les villes européennes, mais pour jouir du spectacle que présente la monumentale salle à manger de la *Minerve* et ses cent cinquante convives. Sans rien nous dire et conservant comme je le fais un air digne, vous auriez pouffé de rire, en dedans, en voyant des types divers, prétentieux ou grotesques, dignes de figurer au *Palais-Royal;* je n'ai jamais mieux compris qu'à cette table de gens riches ou d'enrichis, que la possession de la fortune ne préserve pas du ridicule; heureusement, peu de Français, et, autre bonheur, quelques médaillons à encadrer de délicieuses jeunes femmes.

Après dîner, je vais au *Corso*, c'est la rue principale de Rome; de la place du Peuple d'où elle part à la place de Venise, elle a bien près de deux kilomètres; elle est bordée de magasins, de palais, de carrefours, de belles places avec fontaines, obélisques, colonnes monumentales, coupées par des rues, descendant des collines, allant au Tibre. C'est au *Corso* que se concentre l'animation; il est le rendez-vous de l'aristocratie romaine et du monde élégant; leurs luxueux équipages vont et viennent, dans la direction du Pincio, ou de la villa Borghèse. On y trouve aussi les plus beaux cafés dans la plupart desquels de bons orchestres se font entendre; je prends des glaces dans plusieurs.

A une heure un peu tardive, accablé de lassitude, me dirigeant vers mon logis, je vois un établissement encore ouvert. ayant pour enseigne : Brasserie, Bière de Vienne. Comme il y a plus d'un mois que je n'ai pris un *bock*, je sens l'impérieux désir de retrouver le goût du houblon. La bière est bonne, elle me met en appétit; je savoure plusieurs sandwichs grillées au fromage, dont j'avais retenu la recette à Naples. Mon appétit provoque celui d'un monsieur, assis à ma table; il apprécie à son tour cette variété de sandwich qui lui était inconnue; notre conversation, d'abord culinaire, se généralise, et c'est avec une curiosité instructive que j'écoute mon voisin. C'est un Allemand, qui, avec un certain abandon, apporte en arts, en sciences et dans la connaissance des hommes, un esprit précis, froid, net, méthodique, mettant de la géométrie jusque dans la poésie. Qu'il y a loin de cet Allemand à ceux de Goethe et de Henri Heine! Déjà, à Tunis et à Malte, j'en ai rencontré souvent sortant du même moule : c'étaient des voyageurs de produits allemands, offrant à des prix dérisoires des produits français... imités, notamment des cognacs Martell à plusieurs étoiles, se vendant, au détail, dix centimes le petit verre.

Mon interlocuteur n'est pas dans le commerce, c'est un fonctionnaire de l'Empire d'Allemagne. Il était consul à Samoa lors des rivalités dynastiques qui ont agité cette île; il soutenait l'adversaire de Matafa, en rendant justice à ce dernier, dont il était l'ami personnel. Il me donne sur les mœurs de ces parages des détails fort intéressants. Il va en Egypte rejoindre son nouveau poste.

Je me couche à une heure du matin.

Le lendemain, je me lève de bonne heure, moulu, brisé, les pieds meurtris par le beau, mais dur pavé italien; un bain froid me remettrait, mais l'eau du Tibre n'a rien d'attirant.

Voici mon programme du jour : *Saint-Pierre, le Vatican, le Transtévère* et... l'imprévu.

La réponse de la bergère au berger s'est fait attendre plus de mille ans par *Saint-Pierre, la Sixtine et les Stanze.* Elle est datée de l'âge d'or et de la Renaissance et fièrement signée par Bramante, Michel Ange, Raphaël ; même un postscriptum après coup (la colonnade de Saint-Pierre), de Bernin, ne l'amoindrit pas.

Saint-Pierre est immense, majestueux, son dôme colossal, grandiose ; il couronne non seulement la basilique, mais tout le *Borgho*, presque la ville entière.

C'est sans doute une aberration personnelle : je trouve que Saint-Pierre respire l'antique ; son architecture en vient en droite ligne ; quant à sa matière, marbre et colonnes, ils ont été pris aux monuments de la vieille Rome, ce qui n'enlève rien au mérite de ses architectes.

Vous n'attendez pas que je vous en signale la beauté, la splendeur et les richesses. Un mot, cependant, sur la *Pieta* de Michel Ange, chef-d'œuvre éloquent de grâce mystique, de douleur et de foi ; on est tout surpris de ne pas trouver, dans ce groupe, l'expression de force, d'énergie farouche qui caractérise le génie du Maître.

Dans une des chapelles, aux dimensions d'une belle église, une cérémonie me retient par la musique chantée par les chœurs de la chapelle Sixtine : ce plain-chant étrange me déroute, ces voix troublantes, les unes aux basses sonores, d'autres en cristal, des voix entre l'enfant et la femme, neutres, atteignant des sons suraigus, produisent une impression qu'on ne peut définir si elle est de souffrance ou de plaisir.

Je sors du Vatican, ébloui. La chapelle Sixtine, qui n'a aucune architecture matérielle, ne dit rien tout d'abord, mais à l'examen, elle devient la merveille des merveilles. Du glorieux *Plafond*, des *Sybilles*, des *Prophètes* et du *Jugement dernier* de Michel Ange, je m'en sens indigne d'en parler.

De même aussi des *Chambres* (Stanze) et des *Loges*, de Raphaël.

La galerie de peinture n'a qu'un petit nombre de toiles qui sont des chefs-d'œuvre ; j'en excepte, bien entendu, les plus que médiocres tableaux modernes.

Je tire ma montre : j'ai oublié l'heure du déjeuner. Or, comme je suis saturé d'art, que la mesure est comble, je vais comme diversion au *Transtévère*, voir les mœurs populaires ; on dit qu'il y a encore de belles Transtévérines et des Fornarines ; à demain le musée des antiques du Vatican !

Le lendemain matin, je cours au Vatican par le Pont Saint-Ange, que déparent des statues de la décadence au style emphatique, du chevalier de Bernin ; je salue, en passant, le colossal tombeau d'Adrien, devenu le château Saint-Ange et ma journée se passe encore sans déjeuner, au milieu d'admirables collections d'antiquités égyptiennes, grecques. étrusques, romaines et d'objets d'arts postérieurs, réunis par des papes athéniens, car ces divers musées sont absolument païens. Parmi ces trésors, c'est encore l'art hellénique qui triomphe par ses adorables statues.

J'ai pu voir, avec quelque difficulté, les tapisseries fort endommagées exécutées sur les *Cartons* de Raphaël, que nous avons admirées ensemble, derrière leurs glaces, au South-Kensington, musée de Londres. J'ai parcouru aussi les ateliers de mosaïque du Vatican : ces mosaïstes copient merveilleusement les tableaux anciens en respectant la patine que leur donne le temps.

Pour prendre pied, descendre des hauteurs d'où je viens et me reposer, je vague à l'aventure par les rues et ruelles ; de tous côtés, des démolitions, des constructions nouvelles, qui transforment la ville, perçant le cœur des vieux Romains attachés au caractère particulier, au parfum indéfinissable que les siècles ont donné à Rome.

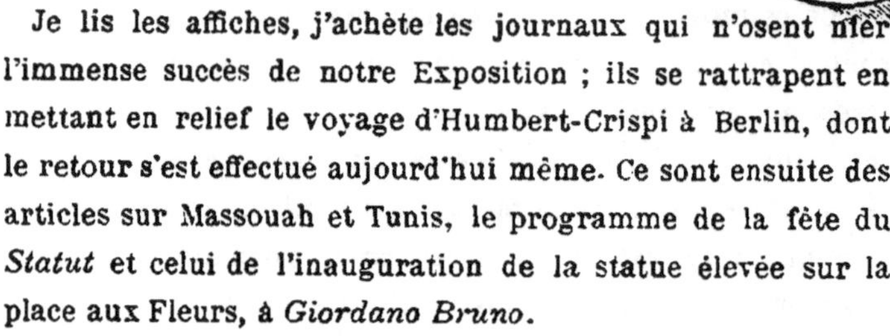

Je lis les affiches, j'achète les journaux qui n'osent nier l'immense succès de notre Exposition ; ils se rattrapent en mettant en relief le voyage d'Humbert-Crispi à Berlin, dont le retour s'est effectué aujourd'hui même. Ce sont ensuite des articles sur Massouah et Tunis, le programme de la fête du *Statut* et celui de l'inauguration de la statue élevée sur la place aux Fleurs, à *Giordano Bruno*.

J'allais oublier de vous dire que. dans ma promenade errante, j'ai vu passer le cortège revenant de Berlin. J'ai, d'abord, tant il a vieilli, comme nous évidemment, depuis que nous le vîmes ensemble à Turin, assistant à la revue militaire, lors du premier voyage en Europe du schah de Perse, pris Humbert pour Crispi ; ils ont une certaine ressemblance de visage. C'est depuis cette époque, qu'un de nos amis de Turin, nous ayant alors dit ce qui n'était un secret pour aucun de ses compatriotes, qu'Humbert détestait cordialement la France, que je lui ai voué une antipathie profonde.

En passant sur la place de Monte-Citorrio, j'entre, comme au moulin, à la *Camera*. Crispi vient d'y venir au débotté se faire congratuler. Je n'entends rien ou plutôt je ne comprends pas, mais je vois de grands gestes ; la séance est assez mouvementée, malgré le nombre infime des députés : ils ne sont pas quarante.

Aujourd'hui, dimanche 2 juin. fête du Statut. Les rues débordent de gens endimanchés, se rendant à la revue. Je vois l'armée en grande tenue, qui en revient, Humbert en tête, coiffé d'un casque copié sur le casque prussien ; généraux et officiers ont le même couvre-chef. L'air tudesque est à la mode.

Je fuis Rome, je vais vers les monts Albins et les montagnes de la Sabine, m'imprégnant au passage de l'aspect inexprimable de la campagne romaine sans arbres, mi-sauvage, où sont perdus de rares troupeaux, cherchant l'ombre près des ruines qui, çà et là, surgissent du sol. Malgré l'éloignement, le Dôme de Saint-Pierre est toujours visible, et l'horizon est encadré par une longue ligne de belles montagnes. Quels beaux Claude Lorrain ! quelques Poussin aussi près des montagnes.

Je m'arrête à Frascati. Devant l'église, sur la place, des campagnards avec femmes et enfants aux costumes pittoresques, dont les peintres romantiques ont abusé, surtout en leur donnant un grain de poésie absente et en dissimulant leur saleté.

De grands arbres ombreux désignent les villas.

Nous ignorons, en France, ce qu'est la villa italienne. Celles de Frascati, comme celles de Rome, font rêver de grandeurs et de somptuosités : palais, nimphées, terrasses, belvédères, jardins, parcs aux ombrages séculaires, semés de statues, des parcs dans lesquels, comme à la villa Borghèse, des milliers d'équipages se promènent à l'aise.

Je regagne Rome, je retourne au populeux Transtévère, et, continuant à monter le *Janicule*, j'atteins *Saint-Pierre-in-Montorio*. Je suis venu à dessein en ce lieu pour voir coucher le soleil et emplir mes yeux du panorama qu'il offre : on domine toute la ville ; on compte ses collines ; on distingue ses monuments et ses innombrables églises, ses places, ses obélisques, ses colonnes, ses jardins aux grands pins parasols et aux cyprès encore plus grands. Tout autour de la ville, la campagne romaine avec des perspectives fuyantes s'élevant dans une immense trajectoire, sur des montagnes bleues et violettes, si belles, que les peintres les ont multipliées dans leurs tableaux.

Je dine au plus renommé des restaurants du Corso, en voyant défiler de riches équipages où brillent parfois des têtes de madones aux expressions différentes, suivant qu'elles appartiennent aux écoles de Raphaël, de Léonard, du Titien ou de Murillo.

Ma soirée s'achève place du Peuple ; il y a girandola et feu d'artifice sur le Pincio. Les Italiens adorent ce genre de fêtes, la place est illuminée, encombrée, entassée ; des musiques résonnent, des coups de canon annoncent l'arrivée d'Humbert, qui s'est fait attendre... Sur de hauts gradins en hémicycles, j'ai pu m'asseoir sur une chaise avec un billet, payé, la veille, dix francs.

Lundi matin. Je viens de boucler ma malle ; je vais passer une dernière revue de Rome, revoir certaines choses qu'on reverrait toujours ; chercher d'autres inconnues ; je passerai au *Gesu* pour avoir une idée des goûts artistiques des Jésuites ; puis... en route pour *Firenze*.

Florence. — Juin 1889.

A Monsieur E. C.

La route est longue de Rome à Pise. On traverse les *Marennes* que la culture conquiert sur les marais transformés en champs de blés *semés en ligne*. Par moments on longe la mer, une mer un peu triste, solitaire, sans navires ni voiles.

Un demi sommeil me gagne. Je rêve de ces grands artistes qui ont fait de toute l'Italie un immense musée; qui menaient de front tous les arts : ils étaient à la fois peintres, sculpteurs, architectes, ingénieurs. Et encore enveloppé de l'atmosphère de Rome, je vois en raccourci la longue succession de ses papes : ceux des siècles d'ascétisme, où chaque sens était un péché ; ceux des XIVe et XVe siècles, qui, touchés par la grâce divine du Beau antique, devenant les apôtres de l'ART, convoquent, comme pour un concile, tous les artistes de l'Italie. Tous, ils accourent à cet appel souverain, qui est la voix de Dieu ; de Rome ils font une nouvelle Sion et ils la sèment d'œuvres grandioses et idéales qui sont encore à nos

LE CAMPANILE
Place du Dôme
à Pise

jours sa plus grande gloire et celle des artistes et des papes patriciens de la Renaissance. Puis vint vite la décadence et le maniérisme caractérisé par ce pape, qui, offusqué par la vue du *Jugement dernier*, ordonna de le voiler.

J'arrive à Pise à onze heures du soir. A l'hôtel, près de la gare, je décide le *fachino* à me conduire place du Dôme.

Il faut traverser toute la vieille cité aux rues en arcades. franchir *l'Arno*, aller hors la ville. Un instant je me demande si mon silencieux guide ne veut pas m'égarer, ce qui me décide à tenir dans la main mon bon couteau sicilien. J'arrive enfin devant les célèbres monuments, voisins les uns des autres : Le *Campanile*, le *Dôme*, le *Baptistère* et le *Campo-Santo*. Il est minuit. Au clair de lune, avec les pensées qu'il éveille, le tableau est merveilleux.

Le lendemain, au soleil levant, je reviens visiter ces superbes édifices des XIe et XIIe siècles. A cette époque, Pise éclipsait Florence dont la brillante fortune n'est venue qu'après. C'est d'ailleurs de Pise et aussi simultanément de Sienne, villes qui avaient de nombreux artistes, qu'est parti le premier réveil artistique en Italie.

J'entre au *Campo-Santo*. Il n'a aucune analogie avec ceux que nous connaissons de Gênes et de Bologne. Celui-ci est un cloître entouré de portiques élevés, d'un grand goût ; tout le long des murs de ces hautes galeries, des fresques admirables de Giotto, d'aucuns prétendent de ses élèves. Quoi qu'il en soit, ces fresques sont charmantes de grâce un peu gauche... L'art a progressé, ce ne sont plus les personnages raides, inarticulés, compassés des prédécesseurs ; ici, au contraire, la nature est retrouvée exprimant avec simplicité, naïveté, tous les sentiments humains depuis les plus élevés jusqu'aux plus vulgaires. Les perspectives architecturales, de même que les paysages, sont parfaitement observés ; les couleurs, aujourd'hui amorties, sont agréables.

Voici le sarcophage d'où est sorti le premier rayon..... Je m'arrête sur cette pente historique. Voyez l'histoire des peintres, de l'abbé Lanzi.

Parti pour Florence, le train me descend à Livourne. J'avais pris un train pour l'autre. J'utilise mon séjour involontaire en prenant un bain de mer. J'arrive encore dans l'après-midi dans la cité Guelfe.

Stendhal n'eut pas plutôt touché le sol de Florence, qu'il courut à *Santa Croce*, le panthéon toscan. Je me crois mieux avisé en courant vers la *Seigneurie*. Cette place unique m'étonne et me charme; elle a le prestige des symboles, elle persistera dans mon souvenir... Difficile d'en donner une idée représentative :

Dominant la place, le *Palais Vieux* (*P. Vecchio*), bâti en blocs dégrossis à une grande hauteur avec créneaux saillants, surmonté d'une tour s'élevant à quatre-vingt-quatorze mètres, produit un effet prodigieux qui déroute toutes mes connaissances sur le Beau.

Dispersés sur la place, à profusion, des groupes de statues en marbre, en bronze.

Au coin du palais, le portique des *Offices*.

En face, saluez! c'est la « *Logia dei Lanzi* ». Elle contient, visibles d'en bas, des sculptures remarquables, qui, toutes, s'effacent devant le fier Persée montrant la tête de Méduse de *Benvenuto Cellini*. Ce Benvenuto était un terrible ; pour un rien, il tuait un homme comme une mouche ; il tenait tête même aux papes qu'il calmait en créant sans cesse des œuvres uniques qui les émerveillaient et leur faisaient passer la raison d'art avant la raison sociale et laisser le coupable impuni.

Notre François Ier, le plus grand artiste français de son temps, attira Cellini en France; il l'installa royalement au château de Fontainebleau.

Demeuré quatre jours à Florence. Ce que j'ai vu dépasse toutes mes prévisions. Pour se rendre compte de toutes ses richesses artistiques, il faudrait non pas des mois, mais des années. Je n'ai donc pu leur donner qu'un rapide coup d'œil, sans parler de celles qui me restent ignorées.

Etant donné leur nombre, je ne dirai rien, non plus de celles que j'ai entrevues.

Trésors artistiques à part, la ville est charmante, agréable, élégante, même un brin de pittoresque, avec ses ponts sur l'Arno. Ses environs sont ravissants par ses collines et montagnettes riantes s'échelonnant jusqu'au sommet des Apennins. Ajoutez à cela un beau ciel, et, ce qui ne gâte rien, partout de l'excellent *chianti*, servi dans des fioles étrusques.

C'est ici que je voudrais vivre quelque temps... le temps d'y apprendre l'histoire de la peinture et des peintres, facile comme une « leçon de choses » avec le classement chronologique des tableaux de toutes les écoles qui sont dans les musées de Florence. Même en une revue superficielle, on voit, à partir des imagiers bysantins qui ont cessé d'être artistes, les premiers balbutiements de l'Art ; les lents progrès de son enfance épelant la Nature, autrefois méconnue maintenant retrouvée. Son maître d'école est Cimabue ; sa saine et robuste adolescence en pleine floraison, toujours au milieu de la Nature avec Giotto et ses disciples ; puis vient, avec l'infiltration de la sève grecque et romaine antique, l'explosion de la jeunesse avec sa fougue capiteuse suivie de la maturité maîtresse d'elle-même, accumulant chefs-d'œuvre sur chefs-d'œuvre..... C'est *l'âge d'or* de la Grande Renaissance. Après, la vieillesse, la décadence.....

Aux *Offices*, au *Bargello*, au palais *Pitti*, dans d'autres musées et galeries, j'ai eu des jouissances ineffables.

Il me faudrait citer jusqu'à demain les noms des maîtres ; j'y renonce ; les plus grands sont connus de tous ; mais que les génies de second ordre sont nombreux : *André del Sarto* m'a ravi, ses vierges sont suaves et, ironie des choses d'ici-bas, il avait pour modèle sa femme qui lui en a fait de toutes les couleurs et l'a rendu très malheureux.

Et les *Donatello!* et *Vinc. Danti* avec « l'Honneur triomphant de la Fraude ».

Les *Della Robia,* une dynastie, ont des merveilles de bas-reliefs et de vierges en terres cuites émaillées.

L'antiquité est aussi glorieusement représentée : la *Vénus de Médicis* illumine la *Tribune*, ce salon carré des *Offices*. La salle de la *Niobé*, groupe antique de dix-sept statues. Des bronzes antiques, etc., etc.

Florence possède aussi de nombreux et beaux tableaux de toutes les Ecoles de l'Europe.

A *Ste-Croix*, fresques de Giotto et les monuments élevés aux illustres Toscans : Dante, Michel Ange, Machiavel, etc., etc.

Je n'ai pu visiter toutes les belles églises; le *Dôme*, la cathédrale, en marbre blanc et noir, est intéressante ; le campanile, à côté, est très beau.

Devant le Dôme est le *Baptistère*, avec trois portes célèbres en bronze, l'une d'*André Pisano,* les deux autres, de *Lor. Ghiberti*. On y célébrait des baptêmes, les uns avec pompe, parrains et marraines et nombreuses escortes en tenue de gala, équipages attendant la sortie. Puis, est-ce une coutume ? quelques jeunes femmes, venues seules ou accompagnées d'enfants, ont prié les élégants parrains et marraines des bébés, déjà sacrés, de tenir leurs enfants sur les fonts baptismaux ; ils s'y sont prêtés de bonne grâce. J'ignore si cette courtoise bonhomie entraîne des charges.

A *Saint-Laurent*, il faut voir les tombeaux des Médicis, les monuments de Michel Ange à *Julien* et à *Laurent*. Ce dernier est le *Penseur*. Sur le sarcophage de Julien sont les statues « du

Jour et de la Nuit ». Un poète contemporain de Michel Ange y inscrivit ces vers :

Tu vois ici doucement sommeiller
La Nuit qu'un ange en la pierre a formée :
Puisqu'elle dort, c'est qu'elle est animée :
N'en doute pas : tu n'as qu'à l'éveiller.

Michel Ange, qui avait souffert de la mort tragique de Savonarole dont il était le disciple, dont l'âme s'était encore assombrie par l'oppression qui pesait sur Florence, sculpta cette éloquente réponse :

J'aime à dormir, je ne regrette pas
D'être de pierre : en ces jours d'injustice,
Voir et sentir, ce serait un supplice ;
Epargne-moi : de grâce, parle bas !

Nice. — 10 juin 1889.

A M. E. C.

Avec un bain que je vais prendre tout à l'heure et un autre demain, à Marseille, ma saison de bains de mer sera terminée. Depuis hier, mon odyssette a pris fin. Je me repose ici un jour dans la maison que vous savez, parlant du fils au père, toujours dans l'affliction.

Si n'était ma visite au Roucas-Blanc ou aux Catalans et un salut à la nouvelle Cathédrale et au Palais de Longchamp, je brûlerais Marseille, tant il me tarde de revenir à mon foyer, d'embrasser les miens, de voir ma vigne. Il me faudra les quitter pour quelque temps encore, ma présence étant obligatoire à Paris le 15 juin. Vous voyez que je vous y précèderai de quelques jours ; nous causerons alors de mon beau voyage si les merveilles de l'Exposition ne nous absorbent pas. Si je l'oubliais, rappelez-moi qu'il nous faudra aller au Louvre, voir les salles Dieulafoy.

Ma dernière lettre était datée de Florence, j'en suis parti le soir même, après un pèlerinage à Fiesole; arrivé à Gênes, que nous connaissons tous les deux, j'ai grimpé pendant plus d'une heure sur une des montagnes qui dominent la ville. Beau lever de soleil et magnifique panorama sur la rivière de Gênes, du Levant au Ponent, sur la ville et son port concurrent et rival de celui de Marseille.

Descendu, je revois la ville, je prends un canot qui me sort du port et je fais mon dernier plongeon dans les eaux italiennes.

A bientôt,

RUZAN,
de la Section de la Drôme.

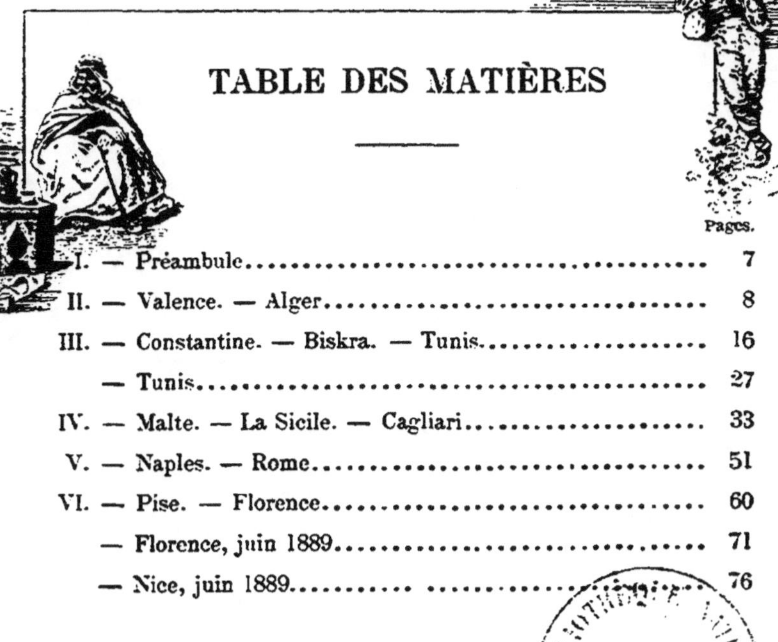

TABLE DES MATIÈRES

www.ingramcontent.com/pod-product-compliance
Lightning Source LLC
La Vergne TN
LVHW020448230826
846091LV00004B/1594

* 9 7 8 2 0 1 3 6 3 1 1 4 3 *